Autumn & Wave

パーソナルカラー

秋

×

骨格診断

ウェーブ
似合わせBOOK

ビューティーカラーアナリスト®

海保麻里子
Mariko Kaiho

JN103816

sanctuarybooks

Prologue

いつでも、どこでも、いくつになっても、心地いい自分でいたい。

日々身につける服も、メイクやヘアスタイルも、自分の心と体によくなじむものだけを選んで、毎日を気分よく過ごしたい。

でも、私に似合うものってなんだろう？

世の中にあふれる服やコスメのなかから、どうやって選べばいいんだろう？

そんな思いを抱えている方に向けて、この本をつくりました。

自分に似合うものを知る近道。それは、自分自身をもっとよく知ること。

もともともっている特徴や魅力を知り、それらを最大限にいかす方法を知ることが、とても大切になります。

そこで役立つのが、「パーソナルカラー」と「骨格診断」。

パーソナルカラーは、生まれもった肌・髪・瞳の色などから、似合う「色」を導き出すセオリー。骨格診断は、生まれもった骨格や体型、ボディの質感から、似合う「形」と「素材」を導き出すセオリー。

この2つのセオリーを知っていれば、自分に似合う服やコスメを迷いなく選べるようになります。

買ってみたもののしっくりこない……ということがなくなるので、ムダ買いが激減し、クローゼットのアイテムはつねにフル稼働。毎朝の服選びがグッとラクになり、それでいて自分にフィットするすてきな着こなしができるようになります。

　自分の魅力をいかしてくれるスタイルで過ごす毎日は、きっと心地よく楽しいもの。つづけるうちに、やがて「自信」や「自分らしさ」にもつながっていくと思います。

　この本の最大のポイントは、12冊シリーズであること。
　パーソナルカラーは「春」「夏」「秋」「冬」の4タイプ、骨格は「ストレート」「ウェーブ」「ナチュラル」の3タイプに分類され、かけ合わせると合計12タイプ。
　パーソナルカラーと骨格診断の専門知識にもとづき、12タイプそれぞれに似合うファッション・メイク・ヘア・ネイルを1冊ずつにわけてご紹介しています。

　1冊まるごと、私のためのファッション本。
　そんなうれしい本をめざしました。これからの毎日を心地いい自分で過ごすために、この本を手もとに置いていただけたら幸いです。

この本の使い方

この本は

パーソナルカラー **秋**

×

骨格診断 **ウェーブ**

タイプの方のための本です

【パーソナルカラー】
「春」「夏」「秋」「冬」の**4**タイプ

×

【骨格】
「ストレート」「ウェーブ」「ナチュラル」の**3**タイプ

かけ合わせると、合計**12**タイプ

〈全12冊シリーズ〉

『パーソナルカラー春 ×骨格診断ストレート 似合わせBOOK』 　『パーソナルカラー春 ×骨格診断ウェーブ 似合わせBOOK』 　『パーソナルカラー春 ×骨格診断ナチュラル 似合わせBOOK』 　『パーソナルカラー夏 ×骨格診断ストレート 似合わせBOOK』 　『パーソナルカラー夏 ×骨格診断ウェーブ 似合わせBOOK』 　『パーソナルカラー夏 ×骨格診断ナチュラル 似合わせBOOK』

＼この本はこれ！／

『パーソナルカラー秋 ×骨格診断ストレート 似合わせBOOK』 　『パーソナルカラー秋 ×骨格診断ウェーブ 似合わせBOOK』 　『パーソナルカラー秋 ×骨格診断ナチュラル 似合わせBOOK』 　『パーソナルカラー冬 ×骨格診断ストレート 似合わせBOOK』 　『パーソナルカラー冬 ×骨格診断ウェーブ 似合わせBOOK』 　『パーソナルカラー冬 ×骨格診断ナチュラル 似合わせBOOK』

パーソナルカラーは……
似合う「色」がわかる

生まれもった肌・髪・瞳の色などから、似合う「色」を導き出します

骨格は……
似合う「形」「素材」がわかる

生まれもった骨格や体型、ボディの質感から、似合う「形」と「素材」を導き出します

12冊シリーズ中、自分自身のタイプの本を読むことで、
本当に似合う「色」「形」「素材」の
アイテム、コーディネート、ヘアメイクが
わかります

1 自分自身が「パーソナルカラー秋×骨格診断ウェーブ」タイプで、似合うものが知りたい方 ⟶ **P27へ**

2 自分自身の「パーソナルカラー」と「骨格診断」のタイプがわからない方

■ パーソナルカラーセルフチェック ⟶ P12へ

■ 骨格診断セルフチェック ⟶ P22へ

⟶ **12冊シリーズ中、該当するタイプの本を手にとってください**

Contents

Chapter1

秋×ウェーブタイプの
魅力を引き出す
ベストアイテム

秋×ウェーブタイプのベストアイテム12

Chapter2

なりたい自分になる、
秋×ウェーブタイプの
配色術

11色で魅せる、秋×ウェーブタイプの
配色コーディネート

Chapter3

秋×ウェーブタイプの 魅力に磨きをかける ヘアメイク

色の力で、生まれもった魅力を120%引き出す

「パーソナルカラー」

パーソナルカラーって何？

　身につけるだけで自分の魅力を最大限に引き出してくれる、自分に似合う色。

　そんな魔法のような色のことを、パーソナルカラーといいます。

　SNSでひと目惚れしたすてきな色のトップス。トレンドカラーのリップ。いざ買って合わせてみたら、なんだか顔がくすんで見えたり青白く見えたり……。

　それはおそらく、自分のパーソナルカラーとは異なる色を選んでしまったせい。

　パーソナルカラーは、生まれもった「肌の色」「髪の色」「瞳の色」、そして「顔立ち」によって決まります。自分に調和する色を、トップスやメイクやヘアカラーなど顔まわりの部分にとり入れるだけで、肌の透明感が驚くほどアップし、フェイスラインがすっきり見え、グッとおしゃれな雰囲気になります。

　これ、大げさではありません。サロンでのパーソナルカラー診断では、鏡の前でお客さまのお顔の下にさまざまな色の布をあてていくのですが、「色によって見え方がこんなに違うんですね！」と多くの方が驚かれるほど効果絶大なんです。

イエローベースとブルーベース

　最近「イエベ」「ブルベ」という言葉をよく耳にしませんか？

　これは、世の中に無数に存在する色を「イエローベース（黄み）」と「ブルーベース（青み）」に分類したパーソナルカラーの用語。

　たとえば同じ赤でも、黄みがあってあたたかく感じるイエローベースの赤と、青みがあって冷たく感じるブルーベースの赤があるのがわかるでしょうか。

　パーソナルカラーでは、色をイエローベースとブルーベースに大きくわけ、似合う色の傾向を探っていきます。

4つのカラータイプ「春」「夏」「秋」「冬」

　色は、イエローベースかブルーベースかに加えて、明るさ・鮮やかさ・クリアさの度合いがそれぞれ異なります。パーソナルカラーでは、そうした属性が似ている色をカテゴライズし、「春」「夏」「秋」「冬」という四季の名前がついた4つのグループに分類しています。各タイプに属する代表的な色をご紹介します。

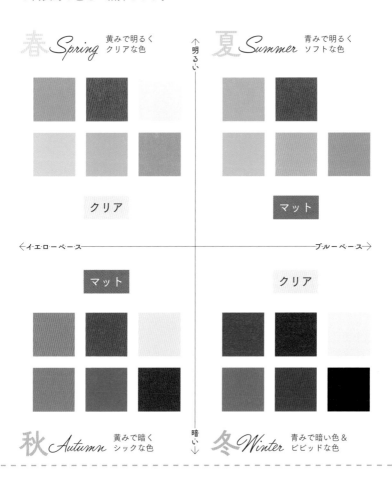

春 *Spring* 黄みで明るく
クリアな色

夏 *Summer* 青みで明るく
ソフトな色

↑ 明るい

クリア

マット

←イエローベース━━━━━━━━━━ブルーベース→

マット

クリア

秋 *Autumn* 黄みで暗く
シックな色

冬 *Winter* 青みで暗い色 &
ビビッドな色

暗い ↓

パーソナルカラーセルフチェック

あなたがどのパーソナルカラーのタイプにあてはまるか、セルフチェックをしてみましょう。迷った場合は、いちばん近いと思われるものを選んでください。

① できるだけ太陽光が入る部屋、または明るく白い照明光の部屋で診断してください。
② ノーメイクでおこなってください。
③ 着ている服の色が影響しないように白い服を着ましょう。

診断はこちらのウェブサイトでもできます（無料）

Q1 あなたの髪の色は？
（基本は地毛。カラーリングしている方はカラーリング後の色でもOK）

A	B	C	D
黄みのライトブラウン	赤みのローズブラウン、またはソフトなブラック	黄みのダークブラウン、または緑みのマットブラウン	ツヤのあるブラック

Q2 あなたの髪の質感は？

A	B	C	D
ふんわりとやわらかい（ねこっ毛だ）。	髪は細めでサラサラだ。	太さは普通でコシとハリがある。	1本1本が太くてしっかりしている。

Q3 あなたの瞳は？

A	B	C	D
キラキラとした黄みのライトブラウン〜ダークブラウン。	赤みのダークブラウン〜ソフトなブラック。ソフトでやさしい印象。	黄みのダークブラウンで落ち着いた印象。緑みを感じる方も。	シャープなブラック。白目と黒目のコントラストが強く目力がある。切れ長の方も。

Q4 あなたの肌の色は？

A	B	C	D
明るいアイボリー。ツヤがあって皮膚は薄い感じ。	色白でピンク系。なめらかな質感で頬に赤みが出やすい。	暗めのオークル系。頬に色味がなくマットな質感。くすみやすい方も。	ピンク系で色白。または濃い目の肌色で皮膚は厚め。

Q5 日焼けをすると？

A	B	C	D
赤くなってすぐさめる。比較的焼けにくい。	赤くなりやすいが日焼けはほとんどしない。	日焼けしやすい。黒くなりやすくシミができやすい。	やや赤くなり、そのあときれいな小麦色になる。

Q6 家族や親しい友人からほめられるリップカラーは？

A	B	C	D
クリアなピーチピンクやコーラルピンク	明るいローズピンクやスモーキーなモーブピンク	スモーキーなサーモンピンクやレッドブラウン系	華やかなフューシャピンクやワインレッド

Q7 人からよく言われるあなたのイメージは？

A	B	C	D
キュート、 フレッシュ、 カジュアル、 アクティブ	上品、 やさしい、 さわやか、 やわらかい	シック、 こなれた、 ゴージャス、 落ち着いた	モダン、 シャープ、 スタイリッシュ、 クール

Q8 ワードローブに多い、得意なベーシックカラーは？

A	B	C	D
ベージュやキャメルを 着ると、顔色が明るく 血色よく見える。	ブルーグレーや ネイビーを着ると、 肌に透明感が出て上品 に見える。	ダークブラウンや オリーブグリーンを 着ても、地味にならずに こなれて見える。	ブラックを着ても 暗くならず、小顔＆ シャープに見える。

Q9 よく身につけるアクセサリーは？

A	B	C	D
ツヤのあるピンク ゴールドや明るめの イエローゴールド	上品な光沢の シルバー、プラチナ	マットな輝きの イエローゴールド	ツヤのある シルバー、プラチナ

Q10 着ていると、家族や親しい友人からほめられる色は？

A	B	C	D
明るい黄緑や オレンジ、黄色など のビタミンカラー	ラベンダーや水色、 ローズピンクなど のパステルカラー	マスタードやテラ コッタ、レンガ色な どのアースカラー	ロイヤルブルーや マゼンタ、真っ赤など のビビッドカラー

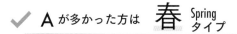

✓ **A** が多かった方は 春 Spring タイプ

✓ **B** が多かった方は 夏 Summer タイプ

✓ **C** が多かった方は 秋 Autumn タイプ

✓ **D** が多かった方は 冬 Winter タイプ

いちばんパーセンテージの高いシーズンがあなたのパーソナルカラーです。パーソナルカラー診断では似合う色を決める4つの要素である「ベース（色み）」「明るさ（明度）」「鮮やかさ（彩度）」「クリアか濁っているか（清濁）」の観点から色を分類し、「春夏秋冬」という四季の名称がついたカラーパレットを構成しています。

パーソナルカラーは、はっきりわかりやすい方もいれば、複数のシーズンに似合う色がまたがる方もいます。パーソナルカラーでは、いちばん似合う色が多いグループを「1st シーズン」、2番目に似合う色が多いグループを「2nd シーズン」と呼んでいます。

・春と秋が多い方　黄みのイエローベースが似合う（ウォームカラータイプ）
・夏と冬が多い方　青みのブルーベースが似合う（クールカラータイプ）
・春と夏が多い方　明るい色が似合う（ライトカラータイプ）
・秋と冬が多い方　深みのある色が似合う（ダークカラータイプ）
・春と冬が多い方　クリアで鮮やかな色が似合う（ビビッドカラータイプ）
・夏と秋が多い方　スモーキーな色が似合う（ソフトカラータイプ）

The「春」「夏」「秋」「冬」タイプの方と、2nd シーズンをもつ6タイプの方がいて、パーソナルカラーは大きく10タイプに分類することができます（10Type Color Analysis by 4element®）。

※迷う場合は、巻末の「診断用カラーシート」を顔の下にあててチェックしてみてください（ノーメイク、自然光または白色灯のもとでおこなってください）。

春 Spring タイプ

カジュアル
キュート
アクティブ
フレッシュ

どんなタイプ？

かわいらしく元気な印象をもつ春タイプ。春に咲き誇るお花畑のような、イエローベースの明るい色が似合います。

肌の色

明るいアイボリー系。なかにはピンク系の方も。皮膚が薄く、透明感があります。

髪・瞳の色

黄みのライトブラウン系。色素が薄く、瞳はガラス玉のように輝いている方が多いです。

似合うカラーパレット

春タイプの色が似合う場合：肌の血色がアップし、ツヤとハリが出る

春タイプの色が似合わない場合：肌が黄色くなり、顔が大きく見える

ベースカラー
（コーディネートの基本となる色）：
アイボリー、ライトウォームベージュ、ライトキャメルなど、黄みのライトブラウン系がおすすめ。

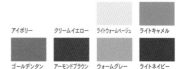

アイボリー　クリームイエロー　ライトウォームベージュ　ライトキャメル
ゴールデンタン　アーモンドブラウン　ウォームグレー　ライトネイビー

アソートカラー
（ベースカラーに組み合わせる色）：
ピーチピンク、ライトターコイズなどを選ぶと、肌がより明るく血色よく見えます。

ピーチピンク　アプリコット　ライトサーモン　コーラルピンク
ライトクリアゴールド　パステルイエローグリーン　ライトトゥルーグリーン　ライトターコイズ

アクセントカラー
（配色に変化を与える色）：
ライトオレンジやブライトイエローなどのビタミンカラー、クリアオレンジレッドなどのキャンディカラーがぴったり。

ブライトイエロー　ライトオレンジ　クリアオレンジレッド　ブライトレッド
アップルグリーン　ブルーバード　ライトトゥルーブルー　クロッカス

夏 Summer タイプ

やさしい
さわやか
やわらかい
上品

どんなタイプ？
エレガントでやわらかい印象をもつ夏タイプ。雨のなかで咲く紫陽花のような、ブルーベースのやさしい色が似合います。

肌の色
明るいピンク系。色白で頬に赤みのある方が多いです。

髪・瞳の色
赤みのダークブラウン系か、ソフトなブラック系。穏やかでやさしい印象。

似合うカラーパレット

夏タイプの色が似合う場合：肌の透明感がアップし、洗練されて見える
夏タイプの色が似合わない場合：肌が青白く見え、寂しい印象になる

ベースカラー
（コーディネートの基本となる色）：
ライトブルーグレー、ソフトネイビー、ローズベージュなどで上品に。

オフホワイト　ローズベージュ　ココア　ローズブラウン
ライトブルーグレー　チャコールブルーグレー　ソフトネイビー　グレイッシュブルー

アソートカラー
（ベースカラーに組み合わせる色）：
青みのある明るいパステルカラーや、少し濁りのあるスモーキーカラーが得意。

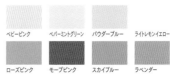

ベビーピンク　ペパーミントグリーン　パウダーブルー　ライトレモンイエロー
ローズピンク　モーブピンク　スカイブルー　ラベンダー

アクセントカラー
（配色に変化を与える色）：
ローズレッド、ディープブルーグリーンなど、ビビッドすぎない色が肌になじみます。

オーキッド　ストロベリーレッド　ローズレッド　ラズベリー
ディープブルーグリーン　ミディアムブルー　ソフトフクシア　プラム

秋 Autumn タイプ

ゴージャス
シック
落ち着いた
こなれた

どんなタイプ？

大人っぽく洗練された印象をもつ秋タイプ。秋に色づく紅葉のような、イエローベースのリッチな色が似合います。

肌の色

やや暗めのオークル系。マットな質感で、頬に色味がない方も。

髪・瞳の色

黄みのダークブラウン系。グリーンっぽい瞳の方も。穏やかでやさしい印象。

似合うカラーパレット

秋タイプの色が似合う場合：肌の血色がアップし、なめらかに見える

秋タイプの色が似合わない場合：肌が暗く黄ぐすみして、たるんで見える

ベースカラー

（コーディネートの基本となる色）：
ダークブラウン、キャメル、オリーブグリーンなどのアースカラーも地味にならず洗練度アップ。

アソートカラー

（ベースカラーに組み合わせる色）：
サーモンピンク、マスカットグリーンなど、少し濁りのあるスモーキーカラーで肌をなめらかに。

アクセントカラー

（配色に変化を与える色）：
テラコッタ、ゴールド、ターコイズなど、深みのあるリッチなカラーがおすすめ。

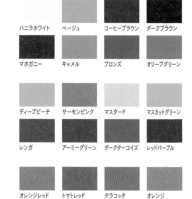

バニラホワイト　ベージュ　コーヒーブラウン　ダークブラウン
マホガニー　キャメル　ブロンズ　オリーブグリーン
ディープピーチ　サーモンピンク　マスタード　マスカットグリーン
レンガ　アーミーグリーン　ダークターコイズ　レッドパープル
オレンジレッド　トマトレッド　テラコッタ　オレンジ
ゴールデンイエロー　ゴールド　ターコイズ　ディープイエローグリーン

冬 Winter タイプ

スタイ
リッシュ

モダン

クール

シャープ

どんなタイプ？
シャープで凛とした印象をもつ冬タイプ。
澄んだ冬空に映えるような、ブルーベース
のビビッドな色が似合います。

肌の色
明るめか暗めのピンク系。黄
みの強いオークル系の方も。
肌色のバリエーションが多い
タイプ。

髪・瞳の色
真っ黒か、赤みのダークブラ
ウン系。黒目と白目のコントラ
ストが強く、目力があります。

似合うカラーパレット

冬タイプの色が似合う場合：フェイスラインがすっきりし、華やかで凛とした印象になる
冬タイプの色が似合わない場合：肌から色がギラギラ浮いて見える

ベースカラー
（コーディネートの基本となる色）：
白・黒・グレーのモノトーンが似合う唯一
のタイプ。濃紺も似合います。

ピュアホワイト　ライトグレー　ミディアムグレー　チャコールグレー

ブラック　グレーベージュ　ネイビーブルー

アソートカラー
（ベースカラーに組み合わせる色）：
深みのあるダークカラーで大人っぽく。
薄いシャーベットカラーも得意。

ブルーレッド　マラカイトグリーン　パイングリーン　ロイヤルパープル

ペールグリーン　ペールブルー　ペールピンク　ペールバイオレット

アクセントカラー
（配色に変化を与える色）：
目鼻立ちがはっきりしているので、
ショッキングピンクやロイヤルブルーな
どの強い色にも負けません。

トゥルーレッド　チェリーピンク　ショッキングピンク　マゼンタ

レモンイエロー　トゥルーグリーン　トゥルーブルー　ロイヤルブルー

※ベース、アソート、アクセントカラーは配色によって変わることがあります

一度知れば一生役立つ、似合うファッションのルール

「骨格診断」

骨格診断って何？

　肌や瞳の色と同じように、生まれもった体型も人それぞれ。骨格診断は、体型別に似合うファッションを提案するメソッドです。

　体型といっても、太っているかやせているか、背が高いか低いか、ということではありません。

　骨や関節の発達のしかた、筋肉や脂肪のつきやすさ、肌の質感など、生まれもった体の特徴から「似合う」を導き出します。

　パーソナルカラーでは自分に似合う「色」がわかる、といいました。一方、骨格診断でわかるのは、自分に似合う「形」と「素材」。

　服・バッグ・靴・アクセサリーなど世の中にはさまざまなファッションアイテムがあふれていますが、自分の骨格タイプとそのルールを知っておけば、自分に似合う「形」と「素材」のアイテムを迷わず選びとることができるんです。

　体型に変化があっても、骨の太さが大きく変わることはありません。体重の増減が10kg前後あった場合、似合うものの範囲が少し変わってくることはありますが、基本的に骨格タイプは一生変わらないもの。つまり、自分の骨格タイプのルールを一度覚えてしまえば、一生役立ちます。

　年齢を重ねるとボディラインが変化していきますが、じつは変化のしかたには骨格タイプごとの特徴があります。そのため、年齢を重ねることでより骨格タイプに合ったファッションが似合うようになる傾向も。

　パーソナルカラーと骨格診断。どちらも、「最高に似合う」を「最速で叶える」ためのファッションルール。服選びに迷ったときや、鏡のなかの自分になんだかしっくりこないとき、きっとあなたを助けてくれるはずです。

3つの骨格タイプ「ストレート」「ウェーブ」「ナチュラル」

　骨格診断では、体の特徴を「ストレート」「ウェーブ」「ナチュラル」という3つの骨格タイプに分類し、それぞれに似合うファッションアイテムやコーディネートを提案しています。

　まずは、3タイプの傾向を大まかにご紹介しますね。

ストレート *Straight*

筋肉がつきやすく、立体的でメリハリのある体型の方が多いタイプ。シンプルでベーシックなスタイルが似合います。

ウェーブ *Wave*

筋肉より脂肪がつきやすく、平面的な体型で骨が華奢な方が多いタイプ。ソフトでエレガントなスタイルが似合います。

ナチュラル *Natural*

手足が長く、やや平面的な体型で骨や関節が目立つ方が多いタイプ。ラフでカジュアルなスタイルが似合います。

骨格診断セルフチェック

診断はこちらの
ウェブサイトでも
できます（無料）

あなたがどの骨格診断のタイプにあてはまるか、セルフ
チェックをしてみましょう。迷った場合は、いちばん近い
と思われるものを選んでください。
①鎖骨やボディラインがわかりやすい服装でおこないましょう。
（キャミソールやレギンスなど）
②姿見の前でチェックしてみましょう。
③家族や親しい友人と一緒に、体の特徴を比べながらおこなうとわかりやすいです。

Q1 筋肉や脂肪のつき方は？

A 筋肉がつきやすく、二の腕や太ももの前の筋肉が張りやすい。

B 筋肉がつきにくく、腰まわり、お腹など下半身に脂肪がつきやすい。

C 関節が大きく骨が太め。肉感はあまりなく、骨張っている印象だ。

Q2 首から肩にかけてのラインは？

A 首はやや短め。肩まわりに厚みがある。

B 首は長めで細い。肩まわりが華奢で薄い。

C 首は長くやや太め。筋が目立ち肩関節が大きい。

Q3 胸もとの厚みは？

A 厚みがあり立体的(鳩胸っぽい)、バストトップは高め。

B 厚みがなく平面的、バストトップはやや低め。

C 胸の厚みよりも、肩関節や鎖骨が目立つ。

Q4 鎖骨や肩甲骨の見え方は？

A あまり目立たない。

B うっすらと出ているが、骨は小さい。

C はっきりと出ていて、骨が大きい。

Q5 体に対する手の大きさや関節は？

A 手は小さく、手のひらは厚い。骨や筋は目立たない。

B 大きさはふつうで、手のひらは薄い。骨や筋は目立たない。

C 手は大きく、厚さより甲の筋や、指の関節、手首の骨が目立つ。

Q6 手や二の腕、太ももの質感は？

A 弾力とハリのある質感。

B ふわふわとやわらかい質感。

C 皮膚がややかための、肉感をあまり感じない。

Q7 腰からお尻のシルエットは？

A 腰の位置が高めで、腰まわりが丸い。

B 腰の位置が低めで、腰が横(台形)に広がっている。

C 腰の位置が高めで、お尻は肉感がなく平らで長い。

Q8 ワンピースならどのタイプが似合う？

A Iラインシルエットでシンプルなデザイン

B フィット&フレアのふんわり装飾性のあるデザイン

C マキシ丈でゆったりボリュームのあるデザイン

Q9 着るとほめられるアイテムは？

A パリッとしたコットンシャツ、ハイゲージ(糸が細い)のVネックニット、タイトスカート

B とろみ素材のブラウス、ビジューつきニット、膝下丈のフレアスカート

C 麻の大きめシャツ、ざっくり素材のゆったりニット、マキシ丈スカート

Q10 どうもしっくりこないアイテムは？

A ハイウエストワンピ、シワ加工のシャツ、ざっくり素材のゆったりニット

B シンプルなVネックニット、ローウエストワンピ、オーバーサイズのカジュアルシャツ

C シンプルなTシャツ、フィット&フレアの膝丈ワンピ、ショート丈ジャケット

診 断 結 果

 **A**が多かった方は **ストレート**タイプ

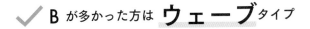 **B**が多かった方は **ウェーブ**タイプ

 **C**が多かった方は **ナチュラル**タイプ

いちばん多い回答が、あなたの骨格タイプです(2タイプに同じくらいあてはまった方は、ミックスタイプの可能性があります)。BとCで悩んだ場合は、とろみ素材でフィット感のある、フリルつきのブラウス&膝丈フレアスカートが似合えばウェーブタイプ、ローゲージ(糸が太い)のざっくりオーバーサイズのニット&ダメージデニムのワイドシルエットが似合う方は、ナチュラルタイプの可能性が高いです。

ストレート Straight タイプ

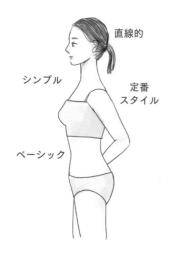

直線的

シンプル

定番スタイル

ベーシック

どんなタイプ？
グラマラスでメリハリのある体が魅力のストレートタイプ。シンプルなデザイン、適度なフィット感、ベーシックな着こなしで「引き算」を意識すると、全体がすっきり見えてスタイルアップします。

体の特徴

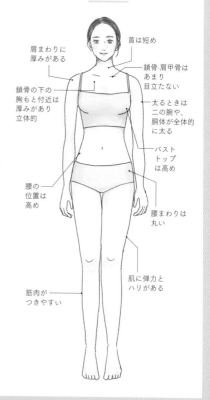

肩まわりに厚みがある

首は短め

鎖骨・肩甲骨はあまり目立たない

鎖骨の下の胸もと付近は厚みがあり立体的

太るときは二の腕や、胴体が全体的に太る

バストトップは高め

腰の位置は高め

腰まわりは丸い

肌に弾力とハリがある

筋肉がつきやすい

似合うファッションアイテム
パリッとしたシャツ、Vネックニット、タイトスカート、センタープレスパンツなど、シンプル＆ベーシックで直線的なデザイン。

似合う着こなしのポイント
Vネックで胸もとをあける、腰まわりをすっきりさせる、サイズやウエスト位置はジャストにする、Iラインシルエットにする、など。

似合う素材
コットン、ウール、カシミヤ、シルク、表革など、ハリのある高品質な素材。

似合う柄
チェック、ストライプ、ボーダー、大きめの花柄など、直線的な柄やメリハリのある柄。

ウェーブ Wave タイプ

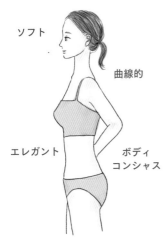

ソフト

曲線的

エレガント　　ボディ
　　　　　　コンシャス

どんなタイプ？

華奢な体とふわふわやわらかい肌質が魅力のウェーブタイプ。曲線的なデザインや装飾のあるデザインで「足し算」を意識すると、体にほどよくボリュームが出て、エレガントさが際立ちます。

体の特徴

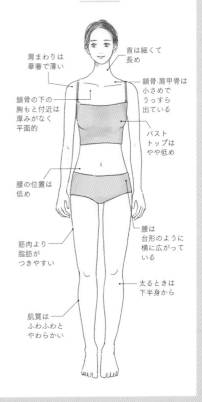

肩まわりは
華奢で薄い

首は細くて
長め

鎖骨・肩甲骨は
小さめで
うっすら
出ている

鎖骨の下の
胸もと付近は
厚みがなく
平面的

バスト
トップは
やや低め

腰の位置は
低め

腰は
台形のように
横に広がって
いる

筋肉より
脂肪が
つきやすい

太るときは
下半身から

肌質は
ふわふわと
やわらかい

似合うファッションアイテム

フリルや丸首のブラウス、プリーツやタックなど装飾のあるフレアスカート、ハイウエストのワンピースなど、ソフト＆エレガントで曲線的なデザイン。

似合う着こなしのポイント

フリルやタックで装飾性をプラスする、ハイウエストでウエストマークをして重心を上げる、フィット（トップス）＆フレア（ボトムス）のXラインシルエットにする、など。

似合う素材

ポリエステル、シフォン、モヘア、エナメル、スエードなど、やわらかい素材や透ける素材、光る素材。

似合う柄

小さいドット、ギンガムチェック、ヒョウ柄、小花柄など、小さく細かい柄。

ナチュラル Natural タイプ

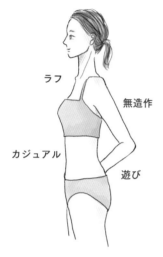

ラフ

無造作

カジュアル

遊び

どんなタイプ？

しっかりした骨格と長い手足が魅力のナチュラルタイプ。ゆったりシルエットや風合いのある天然素材で「足し算」を意識すると、骨格の強さとのバランスがとれて、こなれた雰囲気に仕上がります。

似合うファッションアイテム

麻のシャツ、ざっくりニット、ワイドパンツ、マキシ丈スカートなど、ラフ＆カジュアルでゆったりとしたデザイン。

似合う着こなしのポイント

ボリュームをプラスしてゆったりシルエットをつくる、長さをプラス＆ローウエストにして重心を下げる、肌をあまり出さない、など。

似合う素材

麻、コットン、デニム、コーデュロイ、ムートンなど、風合いのある天然素材や厚手の素材。

似合う柄

大きめのチェック、ストライプ、ペイズリー、ボタニカルなど、カジュアルな柄やエスニックな柄。

体の特徴

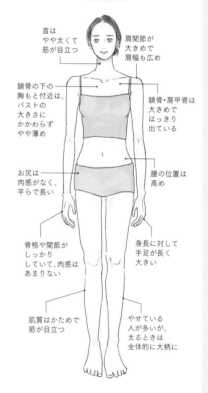

首は
やや太くて
筋が目立つ

肩関節が
大きめで
肩幅も広め

鎖骨の下の
胸もと付近は、
バストの
大きさに
かかわらず
やや薄め

鎖骨・肩甲骨は
大きめで
はっきり
出ている

お尻は
肉感がなく、
平らで長い

腰の位置は
高め

骨格や関節が
しっかり
していて、肉感は
あまりない

身長に対して
手足が長く
大きい

肌質はかためで
筋が目立つ

やせている
人が多いが、
太るときは
全体的に大柄に

Chapter 1

秋 × ウェーブタイプの
魅力を引き出す
ベストアイテム

1

ダークブラウンのカーディガン

ダークブラウンは、秋タイプイチオシのベーシックカラー（定番色）。トップスとしても羽織としても使えるカーディガンでとり入れると、秋×ウェーブタイプによく似合うクラシカルな着こなしが簡単に完成します。ウェーブタイプがカーディガンを選ぶときは、薄手のやわらかな素材、首もとがあまりあいていないラウンドネック、コンパクトなサイズ感を心がけましょう。

Cardigan / KOBE LETTUCE

クラシカルな魅力を引き立てる
万能カラー

サーモンピンクのワンピース

ピンクを着たいときは、ほんのりスモーキーな
サーモンピンクを。ワンピースなら秋×ウェーブ
タイプの上品なかわいらしさを存分に発揮できま
す。ウェーブタイプの王道シルエットは、Xライ
ンを演出する「フィット＆フレア」。高めの位置
で絞られたウエストや、ふんわり広がるスカート
が◎。胸もとにギャザーがたっぷり入ったデザイ
ンを着こなせるのは華奢な体型だからこそ。

One piece / KOBE LETTUCE

大人のピンクで過ごす
ロマンティックな１日

3

キャメルのプリーツスカート

パンツよりもスカートが得意なウェーブタイプ。
風にひらひら揺れる軽い素材のプリーツスカート
は、キャメルを選べばグッと大人っぽい表情に。
トップスはハイウエスト位置でインして重心アッ
プ。脚長効果も期待できます。ウェーブタイプが
ロングスカートをはくときは、長すぎない丈を選
んで。足首が見えるミモレ丈ならバランスが整い
ます。

Skirt / marvelous by Pierrot

エレガントになびく
繊細なプリーツ

バロックパールの揺れるイヤリング
パール×イエローゴールドのネックレス

秋タイプに似合うパールは、真っ白ではなくベージュ寄りで、粒の形や大きさがそろっていないバロックパールや淡水パール。金属はイエローゴールドを選ぶと肌の血色感がアップし、リッチな雰囲気に。骨格が華奢なウェーブタイプには、アクセサリーも華奢なデザインがマッチ。イヤリングは揺れるタイプ、ネックレスは鎖骨にかかる程度の長さで重心を上げましょう。

Earrings / MU
Necklace / VATSURICA

こだわりのアクセサリーでまとう
リッチで可憐な光

鉄則

5

スモーキーカラーのアンティークメイク

秋タイプがコスメを選ぶときは、見た目で「ちょっ
と暗いかな？」と感じるくらいの色がベスト。実
際に肌につけたときによくなじむのは、少し暗
さと濁りのあるイエローベースの色です。秋×
ウェーブタイプにおすすめの色は、スモーキーな
サーモンピンクやレッドなどのくすみ系ニュアン
スカラー。目もとにはイエローゴールド系の繊細
なパールをしのばせて、上品な輝きをプラス。

アイシャドウ /
CHANEL レ ベージュ パレット
ルガール 184190 テンダー
チーク /
SUQQU ピュア カラー ブ
ラッシュ 04 漆陽 URUSHIBI
リップ /
DECORTÉ ルージュ デコル
テ 13 intimate feeling

ニュアンスカラーで引き出す
アンティークな美しさ

秋×ウェーブはどんなタイプ？

かわいいだけじゃないクラシカルな甘さ
深みのあるリッチな色が似合う秋タイプ。ウェーブタイプが得意とする曲線的でエレガントなアイテムを秋カラーで着ると、19世紀イギリスで生まれた美術様式「ヴィクトリアン調」のように優雅なクラシカルスタイルに。大人っぽさとかわいらしさを兼ね備えた、アンティークドールのような魅力をもつタイプです。

イメージワード
クラシカル、アンティーク、凝った、ヴィクトリアン調

秋×ウェーブタイプの有名人
北川景子、田中みな実、新木優子、紗栄子
（※写真での診断によるものです）

秋タイプの特徴

ウェーブタイプの特徴

・イエローベース、低明度、低彩度、マット
・大人っぽくてリッチな色が似合う

・華奢でソフトな体
・曲線的で装飾のあるアイテムが似合う

似合う色、苦手な色

秋タイプに似合う色

　オークル系でマットな肌の方が多い秋タイプ。イエローベースで、深みのあるスモーキーカラーを身につけると、肌のなめらかさや血色がアップ。4タイプのうち、カラーパレット内にグリーン系のバリエーションが最も多いタイプでもあります。

　ウェーブタイプの方には、サーモンピンクやレンガ色がとくにおすすめです。

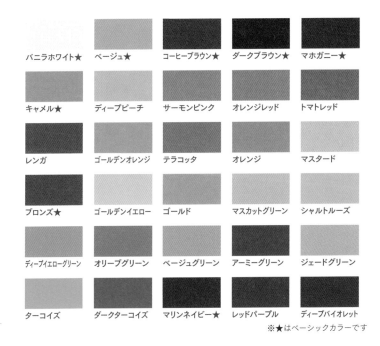

バニラホワイト★	ベージュ★	コーヒーブラウン★	ダークブラウン★	マホガニー★
キャメル★	ディープピーチ	サーモンピンク	オレンジレッド	トマトレッド
レンガ	ゴールデンオレンジ	テラコッタ	オレンジ	マスタード
ブロンズ★	ゴールデンイエロー	ゴールド	マスカットグリーン	シャルトルーズ
ディープイエローグリーン	オリーブグリーン	ベージュグリーン	アーミーグリーン	ジェードグリーン
ターコイズ	ダークターコイズ	マリンネイビー★	レッドパープル	ディープバイオレット

※★はベーシックカラーです

秋タイプが苦手な色

　ロイヤルブルーやショッキングピンク、ブルーグレーなどの青みの強い色は、顔が青白く見えてしまい苦手。肌・髪・瞳の色が濃い方が多いので、明るいパステルカラーや真っ白も色だけが浮いてしまいやすいです。

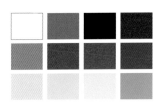

色選びに失敗しないための基礎知識

色の「トーン」のお話

　実際に服やコスメを選ぶときは、39ページの似合う色のカラーパレットと照らし合わせると選びやすいと思います。

　ここからは、「カラーパレットにない色を選びたい」「似合う色を自分で見極められるようになりたい」という方のために、ちょっと上級者向けの色のお話をしますね。

　下の図は、色を円環状に配置した「色相環（しきそうかん）」という図です。これは、赤・緑・青などの「色相」（色味の違い）を表しています。この色相環をもとに、ベースの色味が決まります。

　ただ、色の違いは色相だけでは説明できません。同じ赤でも、明るい赤や暗い赤、鮮やかな赤やく

すんだ赤があるように、色には「明度」（明るさ）や「彩度」（鮮やかさ）という指標もあります。

　明度や彩度が異なることによる色の調子の違いを「トーン」と呼んでいます。右ページ下の図は、色相とトーンをひとつの図にまとめたもの。

　「ビビッド」は純色と呼ばれる、最も鮮やかな色。そこに白を混ぜていくと、だんだん高明度・低彩度に。黒を混ぜていくと、だんだん低明度・低彩度になります。

　白か黒を混ぜるだけでは色は濁らずクリア（清色）ですが、グレー（白＋黒）を混ぜるとマット（濁色）になります。

色相環

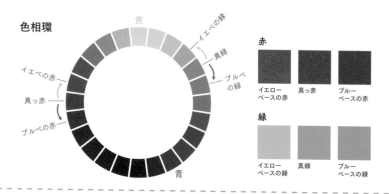

黄

イエベの緑

真緑

ブルベの緑

イエベの赤

真っ赤

ブルベの赤

青

赤

イエローベースの赤　真っ赤　ブルーベースの赤

緑

イエローベースの緑　真緑　ブルーベースの緑

秋タイプに似合う色のトーンは？

　個人差はありますが、下のトーン図でいうと、sf（ソフト）、d（ダル）、dk（ダーク）などが秋タイプに似合いやすい色。このなかでも黄みのある色を選べば OK です。

　明度・彩度ともに低めの色でも地味にならず、こなれた印象になるのが秋タイプの特徴。ソフトな雰囲気にしたいときは、バニラホワイトやディープピーチなどの淡い色も◯。

トーン図

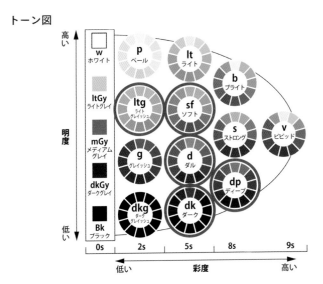

第一印象は「フォーカルポイント」で決まる

フォーカルポイントとは?

　おでこから胸もとまでの約30cmのゾーンを「フォーカルポイント」（目を引く部分）といいます。私たちは人と対面するとき、相手のフォーカルポイントを見てその人がどんな人かを無意識に判断しています。

　つまり、顔だけでなく「服のネックライン」までもが第一印象を左右するということ。

　「似合う」を手軽に、でも確実に手に入れるためには、顔まわりにパーソナルカラーをもってくることと同時に、服のネックラインにこだわることがとても大切なんです。

似合うフォーカルポイントのつくり方

　似合うネックラインと、苦手なネックライン。それは、骨格タイプによって決まります。

　上半身が華奢で、首が細く長いウェーブタイプは、ネックラインをあけすぎないことが鉄則。ネックラインが大きく縦にあいた服を着ると、体の華奢さや首の長さが強調されすぎて見えてしまいます。

　ウェーブタイプに似合うネックラインは、ラウンドネックやボートネック。シンプルなトップスよりも、襟もとにギャザーやフリル、リボンやビジューなど装飾のついたデザインのほうが、適度なボリュームが出て華やかになります。

　きちんとしたシーンでは、直線的なシャツより曲線的なブラウスがおすすめ。

　反対に、ネックラインの高いタートルネックを着ると、バストトップ位置の低さが目立ってバランスが悪くなってしまう傾向。

　選ぶなら、襟が高すぎないプチハイネックがおすすめです。鎖骨の長さのネックレスを重ねて襟もとを分断すると、よりバランスが整う効果も。

　ネックラインのほか、フォーカルポイントに近いスリーブ（袖）ラインも、肩まわりや二の腕の印象に影響を与えます。ネックラインに加えて意識するとさらに効果的!

似合う！

首もとが詰まったラウンドネックなら、胸もとが寂しく見えない！
秋タイプに似合う、深みのあるダークブラウンでシックに。

しっくりこない……

首もとが大きくあいていると、華奢さや首の長さが目立つ。モノトーン、シンプルなデザインも苦手。

[秋×ウェーブタイプ] **似合うネックライン**

ラウンドネック　　ボートネック　　ピーターパンカラー　　オフタートル

ボーカラー　　タイカラー　　ラッフルドカラー　　セーラーカラー

[秋×ウェーブタイプ] **似合うスリーブライン**

ノースリーブ　　フレンチスリーブ　　七分袖　　パフスリーブ　　タックドスリーブ

体の質感でわかる、似合う素材と苦手な素材

やわらかい素材が似合うウェーブタイプ

　骨格診断でわかるのは、似合うファッションアイテムの「形」と「素材」。形だけでなく素材もまた、似合う・似合わないを決める重要なポイントです。

　ウェーブタイプは、筋肉より脂肪がつきやすく、肌の質感がやわらかい方が多いタイプ。肌質にマッチするやわらかい素材や薄くて軽い素材、透ける素材が似合います。

　たとえば、動くとひらひら揺れるようなポリエステルやシフォン、繊細なレースなどはとても得意。ブラウスやスカート、ワンピースにとり入れると、エレガントさが引き立ちます。

　冬なら、ソフトな風合いのファンシーツイードやスエードのジャケット、毛足の長いモヘアやアンゴラのニットなどもおすすめです。ふんわりした素材のトップスを身につけても着太りして見えないのはウェーブタイプだからこそ。

　光沢のある素材も得意なので、大人っぽい着こなしをするならベロアやエナメルにもぜひトライしてみてください。

体の質感と合いにくいのはどんな素材？

　パリッとした綿シャツやギャバジン生地のトレンチコートなど、ストレートタイプに似合うようなフラットでハリのある素材は苦手。やわらかい肌質とマッチしにくく、制服を着ているような印象になります。

　また、厚手のローゲージニットやムートンのコートなど、ナチュラルタイプに似合うような素材も、服に着られているような印象になり苦手です。

　カジュアルよりエレガントな素材が似合いやすいウェーブタイプですが、カジュアルの定番、デニムパンツをはきたいときもあると思います。

　そんなときはかたいデニムではなく、ストレッチのきいたやわらかいデニムを選んでみてください。スリムタイプで、足首の出るクロップド丈がおすすめです。

ウェーブタイプに似合う素材

シフォン　　　　　　　　　ファンシーツイード

モヘア　　　　　　　　　　アンゴラ

スエード　　　　　　　　　コットン

ウェーブタイプに似合う柄

ドット　　　　　　　　　　グレンチェック

レオパード　　　　　　　　千鳥格子

花柄　　　　　　　　　　　ペイズリー

重心バランスを制すると、
スタイルアップが叶う

自分の体の「重心」はどこにある?

　骨格タイプごとにさまざまな体の特徴がありますが、大きな特徴のひとつに「重心」の違いがあります。骨格診断でいう重心とは、体のなかでどこにボリュームがあるかを示す言葉。

　ストレートタイプは、胸もとに立体感がありバストトップの高い方が多いので、横から見るとやや上重心ですが、基本的に偏りはなく「真ん中」。

　ウェーブタイプは、バストトップや腰の位置が低く、腰の横張りがある「下重心」。

　ナチュラルタイプは、肩幅があって腰の位置が高く、腰幅の狭い「上重心」の方が多いです。

　自分の体の重心がどこにあるかを知り、服や小物で重心を移動させてちょうどいいバランスに調整する。これが、スタイルアップの秘訣です!

ウェーブタイプに似合う重心バランス

　重心バランスを調整するためにまずチェックしたいのが、「ウエスト位置」と「トップスの着丈」。ウェーブタイプは下重心の方が多いため、重心を上げるアイテムや着こなしを選ぶとバランスが整います。

　ウエスト位置はハイウエスト。トップスの着丈は、腰骨に少しかかる丈かそれより短いショート丈が好バランスです。ハイウエストのボトムスにトップスをインする、ベルトやリボンを使って高めの位置でウエストマークするなど、着こなしを工夫して重心を上げるのも効果的。

　トップスをタイトフィットのショート丈にし、高い位置でウエストをきゅっと絞り、ふわっと広がるフレアスカートを合わせて、「フィット&フレア」のXラインシルエットをつくる。これがウェーブタイプのスタイルアップを叶える最大の秘訣なので、ぜひ覚えてくださいね。

　重心バランスには、服だけでなく小物も関係します。

　バッグは、もつ位置によって重心を上下させることが可能。ウェーブタイプは小さめのバッグを肩からかけると重心が上がります。

　靴は、ボリュームによって重心を上下させます。ウェーブタイプは、細いストラップやピンヒールなど華奢なデザインの靴で。フラットシューズをはくならスニーカーよりバレエシューズがおすすめですが、スニーカーの場合はできるだけスリムでコンパクトなものを選びます。

　ネックレスの長さも抜かりなく! 約40〜45cmで鎖骨にかかるくらいの、「プリンセス」と呼ばれる長さのネックレスが相性抜群です。

結論！
秋×ウェーブタイプに似合う
王道スタイル

深みのある秋カラーの
フィット＆フレア
スタイル

鎖骨の長さの
「プリンセス」タイプ
のネックレス

甘めデザインの
華奢なアクセサリー

首もとがあいていない
ラウンドネック

秋タイプの
パーソナルカラーで
リッチに

コンパクトな
トップス

トップスは
短めの着丈で
ハイウエストに

裾が広がる
フレアスカート

やわらかい
肌質に合う
やわらかい
素材

小さめバッグ

Xライン
シルエット

コンパクトな
パンプス

パーソナルカラーと
骨格診断に
合っていない
ものを着ると……

暗く強い黒は顔色が沈み、
顔のなかの影や線が目立つ

首もとがあいていて、
華奢さや首の長さが
目立つ

ベーシックな
アイテムだと
寂しい印象

重心が下がって
バランスが
イマイチ

苦手はこう攻略する!

Q. 苦手な色のトップスを着たいときは?

A1. セパレーションする
苦手な色を顔から離す方法が「セパレーション」。
首もとに似合う色のネックレスやスカーフをする
など、似合う色を少しでも顔まわりにもってくる
ことが大切。セパレーションが難しいタートル
ネックは似合う色を選ぶことをおすすめします。

A2. メイクは似合う色にする
メイクの色は顔に直接的な影響を与えます。苦手
な色のトップスの影響を和らげるには、アイシャ
ドウ・チーク・リップを似合う色で徹底!

Q. 明るい色のトップスを着たいときは?

A. ほんの少し濁りのある色を選ぶ
明るくクリアな色はピカッと浮いて見えてしまいますが、少しだけくすんだパステルカ
ラーなら大丈夫。秋タイプの肌をなめらかに美しく見せてくれます。

Q. 鮮やかな色のトップスを着たいときは?

A. やや深みのある華やかな色を選ぶ
トーン図でいう「ディープトーン(dpトーン)」「ストロングトーン(sトーン)」の色は、
少し深みがありつつも華やかな色。秋タイプのラグジュアリーな雰囲気を引き立てます。
顔立ちがやさしい方は、べっ甲柄フレームのメガネをかければ、華やかな色にも負けません。

秋×ウェーブタイプのベストアイテム12

　ここからは、秋×ウェーブタイプの方におすすめしたいベストアイテム12点をご紹介。秋×ウェーブタイプの魅力を最大限に引き出してくれて、着まわし力も抜群のアイテムを厳選しました。

　これらのアイテムを使った14日間のコーディネート例もご紹介するので、毎日の着こなしにぜひ活用してください。

● BEST ITEM 1 ●

バニラホワイトのフリルTシャツ

　1枚あると便利なホワイトTシャツは、真っ白ではなくベージュに近いバニラホワイトを。コンパクトサイズで、薄手やストレッチ素材のものを選びます。上半身が華奢で、なで肩の方が多いので、フリル袖でボリュームアップ。

首もとがあいていない
ラウンドネック

コンパクトな
サイズ感

フリル袖で
上半身や肩まわりに
ボリュームをプラス

薄手素材や
ストレッチ素材

真っ白ではなく
バニラホワイト

T-shirt / KOBE LETTUCE

サンクチュアリ出版
年間購読メンバー

クラブS

sanctuary books members club

1〜2ヵ月で1冊ペースで出版。

電子書籍の無料閲覧、イベント優待、特別付録など、
様々な特典も受けられるお得で楽しい公式ファンクラブです。

■ **サンクチュアリ出版の新刊が
すべて自宅に届きます。**

もし新刊がお気に召さない場合は他の本との
交換もできます。　※合計12冊のお届けを保証。

■ **サンクチュアリ出版の電子書籍が
読み放題になります。**

スマホやパソコン、どの機種からでも閲覧可能です。
※主に2010年以降の作品が対象です。

■ **オンラインセミナーに
特別料金でご参加いただけます。**

著者の発売記念セミナー、本の制作に関わる
プレセミナー、体験講座など。

その他、さまざまな特典が受けられます。

クラブSの詳細・お申込みはこちらから

http://www.sanctuarybooks.jp/clubs

クラブS
会員さまのお声

読みやすい本ばかりでどの本も面白いです。

会費に対して、とてもお得感があります。

電子書籍読み放題と、新刊以外にも交換できるのがいいです。

サイン本もあり、本を普通に購入するよりお得です。

来たり来なかったりで気長に付き合う感じが私にはちょうどよいです。ポストに本が入っているとワクワクします。

自分では買わないであろう本を読んで新たな発見に出会えました。

オンラインセミナーに参加して、新しい良い習慣が増えました。

何が届くかわからないわくわく感。まだハズレがない。

本も期待通り面白く、興味深いものと出会えるし、本が届かなくても、クラブS通信を読んでいると楽しい気分になります。

読書がより好きになりました。普段購入しないジャンルの書籍でも届いて読むことで興味の幅が広がりました。

自分の心を切り開く本に出会いました。悩みの種が尽きなかったのに、そうだったのか!!!ってほとんど悩みの種はなくなりました。

サンクチュアリ出版の主な書籍

頭のいい人の対人関係
誰とでも対等な関係を築く交渉術

東大生が日本を
100人の島に例えたら
面白いほど経済がわかった!

なぜか感じがいい人の
かわいい言い方

貯金すらまともにできていませんが
この先ずっとお金に
困らない方法を教えてください!

考えすぎない人
の考え方

相手もよろこぶ 私もうれしい
オトナ女子の気くばり帳

ぜったいに
おしちゃダメ?

カメラはじめます!

学びを結果に変える
アウトプット大全

多分そいつ、
今ごろパフェとか
食ってるよ。

お金のこと何もわからないまま
フリーランスになっちゃいましたが
税金で損しない方法を教えてください!

カレンの台所

オトナ女子の不調をなくす
カラダにいいこと大全

図解 ワイン一年生

覚悟の磨き方
～超訳 吉田松陰～

サンクチュアリ出版 = 本を読まない人のための 出版社

はじめまして。サンクチュアリ出版・広報部の岩田梨恵子と申します。この度は数ある本の中から、私たちの本をお手に取ってくださり、ありがとうございます。…って言われても「本を読まない人のための出版社って何ソレ??」と思った方もいらっしゃいますよね。なので、今から少しだけ 自己紹介させてください。

ふつう、本を買う時に、出版社の名前を見て決めることってありませんよね。でも、私たちは、「サンクチュアリ出版の本 だから買いたい」と思ってもらえるような本を作りたいと思っています。そのために "1冊1冊丁寧に作って、丁寧に届ける" をモットーに 1冊の本を半年から1年ほどかけて作り、少しでもみなさまの目に触れるように工夫を重ねています。

そうして出来上がった本には、著者さんだけではなく、編集者や営業マン、デザイナーさん、カメラマンさん、イラストレーターさん、書店さんなどいろんな人たちの思いが込められています。そしてその思いが、時に「人生を変えてしまうほどのすごい衝撃」を読む人に与えることがあります。

だから、ふだんはあまり本を読まない人にも、読む楽しさを忘れちゃった人たちにも、もう1度「やっぱり本っていいよね」って思い出してもらいたい。誰かにとっての「宝物」になるような本を、これからも作り続けていきたいなって思っています。

キャメルのブラウス

ウェーブタイプにはパリッとしたシャツより、とろみ素材のブラウスがおすすめ。襟が高すぎないスタンドカラーで、胸もとにギャザーが入ったデザインが◎。キャメルなら大人っぽくやさしい雰囲気になります。

秋×ウェーブタイプに似合うのは上品なスタンドカラー

胸もとにふんわりギャザー入り

とろみ素材

コンパクトなサイズ感

まろやかなキャメル

Blouse / marvelous by Pierrot

ダークブラウンのカーディガン

こっくりとした深いブラウンは、秋タイプの肌をなめらかに見せ、かつどんな色にも合わせやすい万能カラー。ボディラインにフィットするコンパクトサイズ＆やわらか素材を選べば、スタメンアイテム入り間違いなし。

コンパクトな
サイズ感

ラウンドネック

薄手の
やわらかい素材

秋タイプのおすすめ
ベーシックカラー、
ダークブラウン

腰骨に少しかかる
くらいの短めの着丈

Cardigan / KOBE LETTUCE

キャメルのプリーツスカート

どんな色と合わせてもおしゃれ見えするキャメル。ボトムスでもっておく
とコーディネートが軽やかになります。細いプリーツと軽い素材のスカー
トは、繊細なデザインが似合うウェーブタイプらしさの詰まった１着。

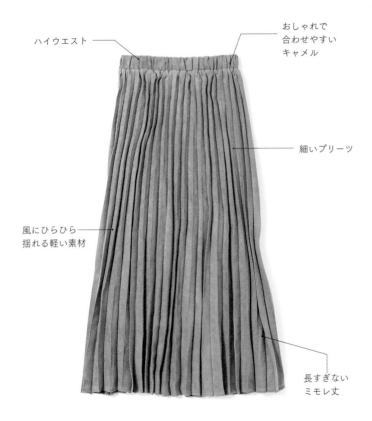

ハイウエスト

おしゃれで
合わせやすい
キャメル

細いプリーツ

風にひらひら
揺れる軽い素材

長すぎない
ミモレ丈

Skirt / marvelous by Pierrot

バニラホワイトのテーパードパンツ

腰の横張りが目立つパンツよりスカートが似合うウェーブタイプですが、パンツなら細身のテーパードがおすすめ。クロップド丈で重心を上げて。着こなしがグッと洗練される明るい色は、プチプラで選べば気兼ねなくはき倒せます。

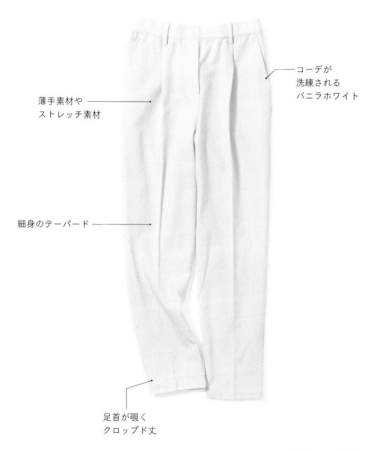

コーデが
洗練される
バニラホワイト

薄手素材や
ストレッチ素材

細身のテーパード

足首が覗く
クロップド丈

Pants / marvelous by Pierrot

サーモンピンクのワンピース

Xラインシルエットとたっぷりのギャザーがポイント。膝丈スカートが得意なウェーブタイプですが、足首が見えるミモレ丈なら秋×ウェーブタイプらしい大人かわいい雰囲気に。くすみ系のサーモンピンクで上品な甘さを楽しんで。

秋タイプ
イチオシの
甘めカラー、
サーモンピンク

胸もとを華やかに
するギャザー

高めの位置で
きゅっと絞られた
ウエスト

やわらかくて
マットな素材

裾がふんわり
広がるフレア
スカート

長すぎない
ミモレ丈

One piece / KOBE LETTUCE

ベージュのノーカラージャケット

きちんとした場に重宝するジャケットは、黄みのあるベージュだとやさしい印象になります。細身で腰骨上くらいのショート丈、ポリエステルなどやわらかい素材が◎。ノーカラーでエレガントに。フロントカットに丸みがあると、よりソフトな雰囲気になります。

体にフィットする
細身シルエット

ノーカラー

黄みベージュで
やさしい印象に

ポリエステルなど
やわらかい素材

重心を上げる
ショート丈

Jacket / marvelous by Pierrot

ベージュのトレンチコート

ウェーブタイプは、薄手でやわらかい綿、もしくはポリエステルのトレンチコートをチョイス。ウエストベルトを高い位置できゅっと結んでメリハリをつけて。黄みのあるベージュは顔色が明るくいきいきと見えます。

顔色を
明るく見せる
黄みベージュ

薄手でやわらかい綿
orポリエステル素材

ベルトを
ハイウエスト位置で
結ぶ

Xライン
シルエットを
つくる

長すぎない丈

Trench coat / KOBE LETTUCE

• BEST ITEM 9 •

ダークブラウンのショルダーバッグ

バッグを選ぶときは、華奢な骨格に合う小さめサイズで丸みのあるものを。
コーディネートの品格を上げるダークブラウンに、ゴールドの金具がつい
たデザインなら、肩からさげるだけで上品な華やかさが生まれます。

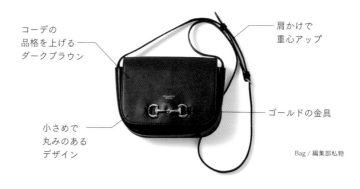

コーデの
品格を上げる
ダークブラウン

肩かけで
重心アップ

ゴールドの金具

小さめで
丸みのある
デザイン

Bag / 編集部私物

• BEST ITEM 10 •

ダークブラウンのスエードパンプス

靴も骨格に合わせて華奢なものを。重心を整える役目も担ってくれます。
ピンヒールのコンパクトなデザイン、やわらかいスエード素材、バッグに
合わせたダークブラウンで、秋×ウェーブタイプにぴったりの足もとに。

1足あると重宝する
ダークブラウン

華奢なパンプス

ウェーブタイプが
得意なスエード素材

ピンヒール

足もとをコンパクト
にして重心アップ

Pumps / KOBE LETTUCE

56

バロックパールの揺れるイヤリング
パール×イエローゴールドのネックレス

華やかなイエローゴールドに、真っ白ではなくベージュ系のバロックパール
や淡水パールが施されたアクセサリー。繊細で大人っぽいデザインが似合
います。イヤリングやピアスは耳から下がるタイプ、ネックレスは鎖骨の長
さがおすすめ。

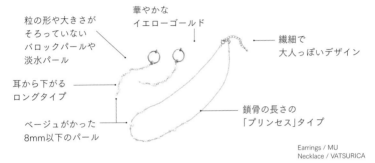

華やかな
イエローゴールド

粒の形や大きさが
そろっていない
バロックパールや
淡水パール

繊細で
大人っぽいデザイン

耳から下がる
ロングタイプ

ベージュがかった
8mm以下のパール

鎖骨の長さの
「プリンセス」タイプ

Earrings / MU
Necklace / VATSURICA

イエローゴールドの腕時計

手首をさりげなく飾る腕時計も、機能性だけでなく色や形にこだわって
コーディネートを楽しみましょう！ 秋×ウェーブタイプは、リッチなイ
エローゴールドで小さめ円形フェイスのものを。ブレスレット風につけら
れる華奢なタイプが◎。

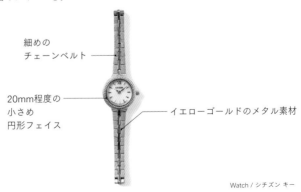

細めの
チェーンベルト

20mm程度の
小さめ
円形フェイス

イエローゴールドのメタル素材

Watch / シチズン キー

着まわしコーディネート 14Days

　自分に本当に似合うものを選ぶと、「最小限のアイテム」で「最高に似合う
コーディネート」をつくることができるようになります。

　先ほどのベストアイテム12点をベースに、スタイリングの幅を広げる優秀
アイテムをプラスして、秋×ウェーブタイプに似合う14日間のコーディネー
ト例をご紹介します。

● **BEST ITEM**

① バニラホワイトのフリルT
シャツ

② キャメルのブラウス

③ ダークブラウンのカー
ディガン

④ キャメルのプリーツス
カート

⑤ バニラホワイトのテー
パードパンツ

⑥ サーモンピンクのワン
ピース

⑦ ベージュのノーカラー
ジャケット

⑧ ベージュのトレンチコー
ト

⑨ ダークブラウンのショル
ダーバッグ

⑩ ダークブラウンのスエー
ドパンプス

⑪ バロックパールの揺れる
イヤリング／パール×イ
エローゴールドのネック
レス

⑫ イエローゴールドの腕時
計

A アイボリーのリブニット

Knit / marvelous by Pierrot

B トマトレッドのニット

Knit / 編集部私物

C キャメルのアンゴラニット

Knit / marvelous by Pierrot

D 明るめオリーブグリーンの
テーパードパンツ

Pants / KOBE LETTUCE

E バニラホワイトのスエード
ジャケット

Jacket / KOBE LETTUCE

F ウォームベージュのファー
つきコート

Coat / GRACE CONTINENTAL（著者
私物）

● PLUS ITEM 小物

バッグ

Bag（左上ブラウン金具つきショル
ダー）/ 編集部私物、（その他すべて）
/ KOBE LETTUCE

靴

Ballet shoes（左上赤）/ 卑弥呼、
Boots（中央上ブラウン）/ 著者私
物、Sandals（左下ブラウン）・Ballet
shoes（レオパード、ベージュ）/
KOBE LETTUCE

アクセサリー

Necklace（上2連、左中パール、右
下ゴールドチェーン）/ VATSURICA、
（右中お花モチーフつき）/ VENDOME
BOUTIQUE、Watch / シチズン クロ
スシー、Earrings（上お花モチーフ）/
VENDOME BOUTIQUE、（右中月モチー
フパール）/ saze、（左中グリーンビーズ）
/ MU、（下パール3連）/ VATSURICA

メガネ・サングラス

Glasses（上）/ Zoff、Sunglasses（中）/
Zoff、Glasses（下）/ メガネの愛眼

そのほかの小物

Beret / SENSE OF PLACE（編集部私
物）、Stole（左オレンジ）/ 著者私物、
（中ホワイト、中ピンク）/ 編集部私
物、（右イエロー）/ LOUIS VUITTON
（著者私物）、Bowtie scarf（レオパー
ド）/ LUPIS（編集部私物）、Fur tippet /
FURLA

Day1

軽やかパンツスタイルにも気品を

ブラウン系の濃淡配色にバニラホワイトをプラスした、やさしいイメージのコーディネート。明るい色のボトムスは、はくだけで洗練された軽やかな雰囲気をつくり出してくれる便利アイテム。ヒョウ柄のフラットシューズをアクセントとしてとり入れると、全体が引き締まります。ゴールドの金具つきバッグで気品もプラス。

②+⑤+⑦+⑨+⑪

Day2

甘すぎない大人のかわいらしさが出せる、ベージュのジャケットとサーモンピンクのワンピースの組み合わせ。ベージュと同系色のダークブラウンのパンプスできちんと感を足して。ホワイトのころんとしたキルティングバッグと、淡いピンクのストールをプラスすれば、適度な抜け感も生まれます。初めて会う人との食事会に。

⑥+⑦+⑩+⑪

"かわいい"と
"きちんと"を
よくばりたい日に

シックなコーデで

Day3 代官山のおしゃれ書店へ

おしゃれ上級者のようなこなれ感を出すには、ベージュ～ブラウン系のグラデーションに、同系色のゴールデンイエローをアクセントにしてみて。ストールの光沢感も相まって、都会的でシックな雰囲気が漂います。トップスは高めの位置でウエストインして、フィット＆フレアのXラインシルエットをつくることを忘れずに。

①+④

Day4

ピンクとオリーブグリーンは反対色相ですが、トーンをやわらかくして合わせることでおしゃれにマッチ。服のなかからどれか1色拾い、トーンを少し変えてストールなどの小物にとり入れると、奥行きが出てグッとあか抜けます。ラウンドトゥの靴が似合うウェーブタイプですが、大人っぽいデザインが得意な秋タイプは、先が少し尖っている靴もすてきです。

❶+⓫+Ⓓ

ピンク×オリーブグリーンで
手軽にこなれ見え

Day5

芸術の秋にぴったりの上品で落ち着いた着こなし。アイボリー×キャメル×ダークブラウンのオレンジ系の同系色でまとめて、ヒョウ柄のファーバッグでアクセントをプラス。仕上げに鮮やかなオレンジ系のストールを足して、華やかな雰囲気もアップさせましょう。ウェーブタイプは足もとに重さが出るのが苦手なので、華奢なパンプスを合わせて。

❾+❹+❿+⓫+Ⓐ

好きな監督が
ノミネートされた映画祭へ

切手を
お貼り下さい

113-0023

東京都文京区向丘2-14-9

サンクチュアリ出版

『パーソナルカラー秋×骨格診断ウェーブ
似合わせBOOK』
読者アンケート係

ご住所 　〒□□□-□□□□

. . . .

TEL※

. . . .

メールアドレス※

お名前	男 ・ 女
	（　　　歳）

ご職業

1 会社員　2 専業主婦　3 パート・アルバイト　4 自営業　5 会社経営　6 学生　7 その他

ご記入いただいたメールアドレスには弊社より新刊のお知らせや イベント情報などを送らせていただきます。 希望されない方は、こちらにチェックマークを入れてください。	メルマガ不要 □

『パーソナルカラー秋×骨格診断ウェーブ　似合わせBOOK』
読者アンケート

本書をお買上げいただき、まことにありがとうございます。
読者サービスならびに出版活動の改善に役立てたいと考えておりますので
ぜひアンケートにご協力をお願い申し上げます。

■**本書はいかがでしたか？**　該当するものに○をつけてください。

最悪	悪い	普通	良い	最高
★	★★	★★★	★★★★	★★★★★

■**本書を読んだ感想をお書きください。**

Day6

ちょっぴり甘さを楽しみたい日は、サーモンピンク×ダークブラウンがおすすめ。かわいらしい色のワンピースに深みのある色のカーディガンという、明度に差のある同系色の組み合わせは、大人の落ち着きを演出します。バッグとストールを白にすると抜け感がアップ。深みのある色のコーディネートには、ポイントで明るい色をとり入れると軽やかさを出せます。

③+⑥

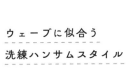

ウェーブに似合う
Day7
洗練ハンサムスタイル

大人っぽい着こなしをしたいときは、ダークカラーの面積を増やすのがコツ。暗い色のトップスには明るい色のボトムスを合わせることで、明度のバランスがとれてあか抜けて見えます。ダークブラウン×バニラホワイトの上品配色で、ウェーブタイプにも似合うハンサムなパンツスタイルに。サングラスとヒョウ柄のスカーフタイでさらにカッコよく。

③+⑤+⑪+⑫

Day8

記念日は家族でフレンチレストランへ

肌をなめらかに美しく見せて
くれるサーモンピンクにバニ
ラホワイトを合わせた、くす
みカラーのコーディネート。
スモーキーな色も地味になら
ず、品よく着こなせるのが秋
タイプの強みです。小物は
ダークブラウンで全体を引き
締めて。バッグと靴の色を同
じ色にするときちんと感が出
るので、フォーマルな場にも
おすすめ。

6+**9**+**10**+**11**+**E**

赤を大胆に着こなして
アクティブに

Day9

アクティブな気分にぴったりのトマトレッド×オリーブグリーン。反対色相の2色ですが、トーンを抑えたオリーブグリーンにバニラホワイトのストールを加えることで、強いイメージにならずシックで華やかにまとまります。やや深みのあるマットなレッドは、意外とほかの色と合わせやすく、差し色として効果的。ヒョウ柄のファーバッグとサングラスでキリッと決めて。

B + D

マイルドコーデで
新しくできた
Day10 紅茶専門店へ

秋タイプの肌を抜群に美しく見せるキャメル、抜け感のあるホワイト、そして落ち着いたダークブラウン。ミルクティーのようにマイルドで、上品な落ち着きの感じられるバランスのいい配色です。小さいバッグが似合うウェーブタイプですが、買いもの帰りはサブバッグがあると便利。もち手が細く、やわらかい素材のものがおすすめ。

4 + C

クラシカルな雰囲気の秋×ウェーブタイプは、少しカジュアルな装いをしたい日もその上品さをいかしてみて。リラックス感のあるキャメル×オリーブグリーンですが、大人っぽいスタンドカラーのブラウスを選べば気品もプラスできます。明度が同じ色が並ぶとコーディネートが平面的になるので、バニラホワイトのバッグとストールでメリハリを。

②＋⑪＋⑫＋Ｄ＋Ｅ

華やかカラーもなじむ

Day12
クラシカルコーデ

「派手かな？」と思う色でも、ベーシックカラーのアイテムと合わせることで挑戦しやすくなります。レッドとベージュは類似色相（隣接色相より色味の差がある同系色）で、組み合わせやすいおすすめの配色。コートと同系色のバッグとヒョウ柄のスカーフタイで、明度の差をつけて。服と小物を同系色にして濃淡をつけることで、統一感とおしゃれ度を簡単にアップできます。

⑤＋⑧＋⑨＋⑪＋Ｅ

Day13

ベージュ×キャメル×バニラホワイトの
やわらかい同系色に、反対色のダーク
ターコイズを合わせて、落ち着きと知性
を感じる洗練されたコーディネートに。
これらの色は相性がよく、簡単におしゃ
れに見える頼もしい組み合わせ。ウェー
ブタイプが得意なファーマフラーとフェ
ルトのベレー帽で、美しいアートと庭園
に囲まれ優雅なひとときを。

⑤＋C

ほっこり配色で
冬もかわいく、あったかく！

Day14

ベージュ～ブラウン系の同系色でまとま
り感を出した、ほっこりコーディネート。
バッグと靴は暗めのダークブラウンでま
とめて、きちんと感も欠かさずに。寒い
時期もおしゃれに乗りきれます。明るめ
の色とソフトな素材で軽さを出したロン
グコートには、華奢なブーティを合わせ
てさらに軽やかさを演出。ウェーブタイ
プの可憐な魅力がより引き立ちます。

④＋A＋F

Column

ウェーブタイプなのに曲線が似合わない !?

　骨格診断をしていると、「体型はウェーブなのに、ウェーブのアイテムがしっくりこない」という方が時々います。

　その場合、まず考えられる理由は「顔の印象」。たとえば、目が一重や奥二重、鼻筋がとおっているなど、顔のなかに直線が多く入っている方は、本来ウェーブタイプに似合うはずの曲線的なアイテムが似合いにくいケースがあるのです。

　パーソナルカラー診断では「似合う色」を、骨格診断では「似合う形と素材」を見極めますが、加えてサロンでおこなっているのが「似合うファッションテイスト」を見極める『顔診断』。

　顔診断では、「顔の縦横の比率」「輪郭や顔のパーツが直線的か曲線的か」「目の形や大きさ」などにより、顔の印象を4つのタイプに分類します。

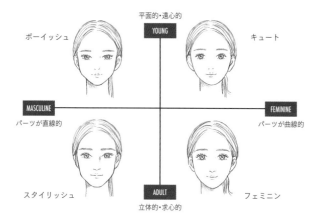

平面的・遠心的 YOUNG

ボーイッシュ　　　　　　　　　　　　　　　　　　キュート

MASCULINE　　　　　　　　　　　　　　　　　FEMININE
パーツが直線的　　　　　　　　　　　　　　　　　パーツが曲線的

スタイリッシュ　　　　　　　　　　　　　　　　　フェミニン

ADULT
立体的・求心的

顔の印象に近づける、似合わせのコツ

　ウェーブタイプなのにウェーブのアイテムが似合いにくいのは、直線的な「ボーイッシュ」「スタイリッシュ」タイプ。

　その場合、顔に近いネックラインやスリーブラインに直線的なデザインをとり入れたり、ややハリのある素材を選んで「かわいい」より「きれいめ」なスタイリングを意識したりすると、しっくりきやすくなります。

　大人顔の「スタイリッシュ」タイプの方は、ボトムスの丈を少し長くして大人っぽく仕上げ、顔のイメージと合わせるのもおすすめ。

Chapter 2

なりたい自分になる、
秋×ウェーブタイプの
配色術

ファッションを
色で楽しむ配色のコツ

　ファッションに色をとり入れるのはハードルが高くて、気がつけばいつも全身モノトーン……。そんな方も多いのではないでしょうか？

　でも、自分のパーソナルカラーを知ったいまならチャレンジしやすいはず。ぜひ積極的に似合う色をとり入れて、バリエーション豊かな着こなしを楽しんでいただきたいなと思います。

　この章からは、色のあるアイテムをとり入れるときに役立つ「配色」のコツをご紹介。

　配色とは、2種類以上の色を組み合わせること。相性のいい色同士もあれば、組み合わせるとイマイチな色同士もあり、配色によって生まれる雰囲気もさまざまです。

　すてきな配色に見せる基本ルールを知っておくと、なりたいイメージやシチュエーションに合わせて自在に色を操れるようになり、ファッションがもっと楽しくなります。

すてきな配色に見せるには

　40ページで、色味の違いを「色相」、明度や彩度の違いを「トーン」と呼ぶとお伝えしました。配色で重要なのは、この「色相」と「トーン」の兼ね合いです。

・**色相を合わせるなら、**
　トーンを変化させる。

・**色相を変化させるなら、**
　トーンを合わせる。

　これが配色の基本セオリー。どういうことなのか、コーディネートに使える6つの配色テクニックとともにくわしく説明していきますね。

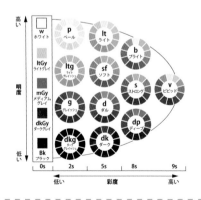

配色テクニック① 色相を合わせる

色相環で近い位置にある色同士（色味が似ている色同士）を組み合わせるときは、トーンを変化させます。たとえば黄色・オレンジ系の色同士を配色するなら、明度や彩度の異なる黄色・オレンジを組み合わせる、といった感じ。色相を合わせる配色のことを「ドミナントカラー配色」といいます。

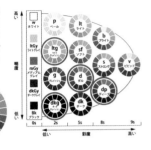

色相環で近い色味でまとめ、トーンは
変化をつけて選択。

トーンオントーン

ドミナントカラー配色のなかでもコーディネートに使いやすいのが「トーンオントーン配色」。トーンのなかで比較的「明度」の差を大きくつける方法です。色相（色味）のまとまりはありながらも、明るさのコントラストがはっきり感じられる配色です。

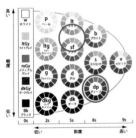

色相環で近い色味（同一も含む）でまとめ、トーンは主に縦に離す。明度差を大きくとって選択。

配色テクニック② トーンを合わせる

色相環で遠いところにある色相同士（色相に共通性がない反対色）を組み合わせるときは、トーンを合わせます。明度や彩度が似ている色同士を組み合わせると、きれいな配色になります。トーンを合わせる配色のことを「ドミナントトーン配色」といいます。

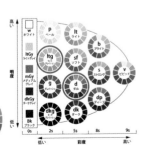

トーン図で近いトーンでまとめ、色相
は変化をつけて選択。

配色テクニック③ 色相・トーンを合わせる（ワントーン配色）

色相・トーンともにほとんど差のない色同士をあえて配色することもあります。ファッション用語では「ワントーン」と呼ばれたりもします。専門用語では「カマイユ配色」や「フォカマイユ配色」（カマイユ配色より色相やトーンに少し差をつけた配色）と呼ばれる穏やかな配色で、その場合は異なる素材のアイテム同士を組み合わせるとおしゃれです。

色相、トーンともに色相環・トーン図で近い色で選択。

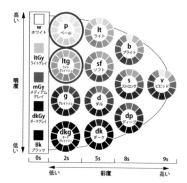

配色テクニック④ 色相・トーンを変化させる（コントラスト配色）

一方、色相やトーンが対照的な色同士を組み合わせると、コントラストがはっきりした配色になります。代表的な配色としては、2色の組み合わせの「ビコロール配色」、3色の組み合わせの「トリコロール配色」があります。

色相やトーンを、色相環・トーン図で離れた色で選択。秋タイプはビビッドすぎないsやdpを使用。

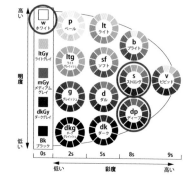

配色テクニック⑤　アクセントカラーを入れる

コーディネートが単調で物足りないときに使うといいのが「アクセントカラー」（強調色）。少量のアクセントカラーをとり入れるだけで、配色のイメージが驚くほど変わります。アクセントカラーは、ベースカラーやアソートカラーの「色相」「明度」「彩度」のうち、どれかの要素が大きく異なる色を選ぶのがポイント。

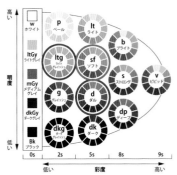

ベース、アソートに対して、反対の要素の色を入れる（この場合は色相環で離れた色＝色相が反対の色）。

配色テクニック⑥　セパレートカラーを入れる

色と色の間に無彩色（白・グレー・黒など色味のない色）や低彩度色（色味の弱い色）を挟む方法。色相・トーンの差が少ない似た色同士の間にセパレートカラーを挟むと、メリハリが生まれます。また、組み合わせると喧嘩してしまうような色同士の間に挟むと、きれいにまとまります。ニットの裾からシャツを覗かせたり、ベルトをしたり、セパレートカラーを使うときは少ない面積でとり入れるのがポイント。

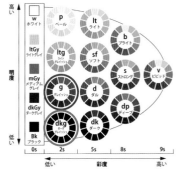

間にダークブラウンを入れて引き締めている。

どの色を着るか迷ったときは？
色の心理的効果

自分に似合う色を知っていても、どの色を着ればいいのか迷うことがあるかもしれません。そんなときは、「今日1日をどんな自分で過ごしたいか」から考えてみるのはいかがでしょうか。色によって得られる心理効果はさまざま。色の力を借りれば、新しい自分や新しい日常と出会えるかも！

エネルギッシュに過ごしたい日は
RED レッド

炎や血液を彷彿とさせる、エネルギッシュで情熱的なレッド。大脳を刺激して興奮させる効果があります。

・自分を奮い立たせて、やる気を出したい日に
・自信をもって過ごしたい日に
・ここぞという勝負の日に

社交的に過ごしたい日は
ORANGE オレンジ

太陽の光のようにあたたかく親しみがあり、活動的なオレンジ。新しい環境や出会いの場におすすめの色です。

・積極的にコミュニケーションをとりたい日に
・陽気な気分で過ごしたい日に
・カジュアルな着こなしをしたい日に

思いきり楽しく過ごしたい日は
YELLOW イエロー

明るく元気なイメージのイエロー。目立ちやすく、人の注意を引く色なので、信号機や標識にも使われます。

・ポジティブに過ごしたい日に
・まわりから注目されたい日に
・知的好奇心やひらめき力を高めたい日に

リラックスして過ごしたい日は
GREEN グリーン

調和・平和・協調など、穏やかな印象をもつグリーン。自然や植物のように心身を癒やしてくれるヒーリングカラー。

・心身にたまった疲れを癒やしたい日に
・些細なことでクヨクヨしてしまう日に
・穏やかな気持ちでいたい日に

冷静に過ごしたい日は
BLUE ブルー

寒色の代表色で、冷静・信頼・知性などを連想させるブルー。血圧や心拍数を低減させ、気持ちの高揚を鎮める作用があります。

・心を落ち着かせたい日に
・考えごとやタスクが多く、焦っている日に
・理知的な雰囲気を演出したい日に

個性的な自分で過ごしたい日は

PURPLE パープル

古くから高貴な色とされてきた
パープル。正反対の性質をもつ
レッドとブルーからなるため、神
秘的な魅力があります。

・我が道を進みたい日に
・ミステリアスな魅力をまといたい
　日に
・格式高い場所へ行く日に

思いやりをもって過ごしたい日は

PINK ピンク

精神的な充足感を与えてくれるピ
ンク。女性ホルモンであるエスト
ロゲンの働きを高め、肌ツヤを
アップさせる作用も。

・まわりの人たちにやさしくしたい
　日に
・幸福感を感じたい日に
・誰かに甘えたい日に

堅実に過ごしたい日は

BROWN ブラウン

大地のようにどっしりとした安定
を表すブラウン。ダークブラウン
はクラシックなイメージの代表色
でもあります。

・コツコツがんばりたい日に
・自然体でいたい日に
・高級感を演出したい日に

自分を洗練させたい日は

GRAY グレー

日本を代表する粋な色、グレー。
「四十八茶百鼠」という言葉があ
るように、江戸時代の人は100種
以上ものグレーを生み出したそう。

・こなれ感を出したい日に
・シックな装いが求められる日に
・控えめに過ごしたい日に

新しいスタートを切りたい日は

WHITE ホワイト

白無垢やウェディングドレス、白
衣など、清く神聖なものに使われ
るホワイト。純粋さや清潔さを感
じさせる色です。

・新しいことを始める日に
・素直でありたい日に
・まわりの人から大切にされたい日に

強い自分でありたい日は

BLACK ブラック

強さや威厳、都会的などのイメー
ジをもつブラック。1980年代以
降、ファッション界で圧倒的な人
気を誇ります。

・強い意志を貫きたい日に
・プロフェッショナル感を出したい日に
・スタイリッシュな着こなしをした
　い日に

11色で魅せる、
秋×ウェーブタイプの配色コーディネート

RED 1
<small>レッド</small>

遊び心ある反対色コーデで
仕事も楽しく！

オレンジレッド×ベージュ×ダークブラ
ウンのドミナントカラー配色に、レッド
の反対色のグリーンのバッグでメリハリ
を。反対色を組み合わせるときは、トー
ンを落ち着かせて小さい面積で。華やか
な色も上品にまとまり、きちんと感の
あるコーディネートになります。Xシル
エットになるように、トップスはイン、
ボトムスは高い位置でウエストマークし
て。

フィット＆フレアシルエット
色で遊ぶ
反対色はポイントづかい

①色相を合わせる

⑤アクセントカラーを入れる

Knit / 著者私物
Skirt / 編集部私物
Sandals / KOBE LETTUCE
Bag / cache cache
Earrings / MU
Necklace / VATSURICA

RED 2
レッド

クリスマスマーケットには
華やかな装いで

同じくドミナントカラー配色をいかした
コーディネート。ベージュをキャメルに
すると、ぬくもりを感じる華やかな雰囲
気に。胸もとにファーがあるフェイクス
エードのジャケットは、顔まわりが華や
かになりボディラインもゴージャスにし
てくれます。ピンヒールでスエード素材
のブーティには、同じダークブラウンの
タイツを合わせるのもおすすめ。

あったかカラーで華やかに
大人かわいい冬コーデ
クリスマスマーケットは防寒必須

①色相を合わせる

Knit / marvelous by Pierrot
Outer / JUSGLITTY（著者私物）
Skirt / 編集部私物
Boots / GINZA Kanematsu（著者私物）
Bag / KOBE LETTUCE
Necklace / VATSURICA

似合うレッドの選び方

イエローベースの秋タイプには、黄みが
かった朱赤に黒やグレーを混ぜてでき
る、レンガ色やトマトレッドがよく似合
います。深みのあるあたたかなレッドを
選ぶことで、顔色がよく見え、肌もなめ
らかに。反対に、明るすぎる朱赤は肌に
なじまず浮いてしまい、赤紫系のワイン
レッドやラズベリーレッドは顔色が寂し
く見えてしまいます。

似合うレッド

レンガ　　　　トマトレッド　　　オレンジレッド

苦手なレッド

ワインレッド　　ラズベリー　　　ローズレッド

ORANGE 1
オレンジ

カジュアルスタイルにも
エレガンスをプラス

パワフルな気持ちになれる、オレンジの
トップス×デニムのヘルシーカジュアル
スタイル。デニムのネイビーブルーはオ
レンジの補色（真反対の色）なので、お
互いを引き立てる効果があります。エレ
ガントなスタイルが得意なウェーブタイ
プですが、アイテムのディテールやアク
セサリーで上品さをプラスすることでカ
ジュアルもしっくりハマります。

ウェーブのカジュアルコーデ
補色のテクニック
ディテールを上品に

④色相・トーンを変化させる

Knit / GeeRA
Jeans / marvelous by Pierrot
Ballet shoes / KOBE LETTUCE
Bag / cache cache
Necklace / VATSURICA
Watch / シチズン クロスシー

ORANGE 2
オレンジ

ショートパンツ×ロングブーツを
クラシカルに

ショートパンツは、太ももがスリムな
ウェーブタイプの得意アイテム。テラ
コッタのトップス、ウォームベージュの
フェイクスエードジャケットと合わせ
て、クラシカルに仕上げます。華奢なヒー
ルのスエードロングブーツは、ショート
パンツと合わせるとさらに美脚効果アッ
プ。ヒョウ柄ベレー帽で重心を上げつつ、
かわいくまとめて。

ショートパンツを大人っぽく
テラコッタでアクセントを
ロングブーツでさらに美脚に

① 色相を合わせる

⑤ アクセントカラーを入れる

Jacket, Knit, Short pants, Boots, Necklace / 編集部私物
Bag / KOBE LETTUCE
Earrings, Beret / 著者私物
Belt / GU（編集部私物）

似合うオレンジの選び方

オレンジは秋タイプが得意な色です。な
かでも深みのあるテラコッタ系はイチオ
シ。クリアで鮮やかなオレンジも、深み
のある色であれば OK。秋タイプのなか
でも目鼻立ちのはっきりした方なら華や
かに着こなせます。一方、明るくクリア
なオレンジは肌になじみにくく、ちょっ
と苦手です。

似合うオレンジ

テラコッタ	オレンジ	ゴールデンオレンジ

苦手なオレンジ

アプリコット	ライトオレンジ

YELLOW 1
<ruby>YELLOW<rt>イエロー</rt></ruby>

鮮やかな色同士の
さわやか夏コーデ

異なる2つの色の配色も、色相が近い色同士なら統一感が出ます。ゴールデンイエロー×マスカットグリーンも類似色相配色のため、鮮やかでもまとまりのある雰囲気に。主張の強い2色なので、ホワイトのストールで抜け感を。ウェーブタイプがVネックを着るときは、首もとが深くあいていないものを選んで。鎖骨の長さのネックレスとフリルのフレンチスリーブで華やかに。

#夏を楽しむさわやか配色
#抜け感はホワイトストールで
#ウェーブは小花柄が得意

①色相を合わせる

Tops / GRACE CONTINENTAL（著者私物）
Skirt / Mila Owen（著者私物）
Earrings / 著者私物
Sandals / KOBE LETTUCE
Bag / cache cache
Stole / 編集部私物
Necklace / VATSURICA

YELLOW 2

ママ友ランチは
品よくおしゃれに

パフスリーブとフレアスカートの甘めな
スタイルは、品格を感じるダークブラウ
ン×マスタードで高級感を漂わせて。暗
い色の面積を増やすとグッと大人っぽく
なります。トップスが暗い色なので、イ
エローゴールドのアクセサリーで顔まわ
りに輝きをプラス。明るい色のキャンバ
ス地の小ぶりのバッグは、コーディネー
トに簡単に軽さを足せるのでおすすめで
す。

ダークカラーを合わせて上品に
ゴールドアクセで輝きを足す
使いやすいキャンバス地バッグ

(①色相を合わせる)

T-shirt, Sandals, Bag / KOBE LETTUCE
Skirt / 編集部私物
Earrings / WYTHE CHARM（著者私物）
Necklace / VATSURICA

似合うイエローの選び方

ノーメイクだと頬にあまり色味のない方
が多い秋タイプには、オレンジっぽいこっ
くりとしたゴールデンイエローや、スモー
キーなマスタードがおすすめです。あた
たかみのあるイエローを選ぶことで、肌
の血色感がグッとアップ。反対に避けた
ほうがベターなのは、黄緑がかった蛍光
色のレモンイエロー。顔色が青白くなっ
てしまうので注意が必要です。

似合うイエロー

ゴールデンイエロー　マスタード　　ゴールド

苦手なイエロー

レモンイエロー　　ライトレモンイエロー

GREEN 1

<ruby>GREEN<rt>グリーン</rt></ruby>

ソフトな洗練配色で
ウェディングパーティーへ

華やかに装う日は、ジェードグリーン（翡翠色）とソフトピンクで洗練された大人のかわいらしさを演出。グリーンとピンクは反対色ですが、トーンをどちらもソフトにしたドミナントトーン配色なら調和して見えます。透け感のあるレースワンピースは、ノースリーブでスリムな二の腕を見せて。全体的にスモーキーな色なので、ホワイトのバッグでメリハリを。

おめかしコーデ
祝宴にぴったりのやさしい配色
ウェーブの繊細さを引き立てる

②トーンを合わせる

One piece / CELFORD（著者私物）
Pumps / MAMIAN
Bag / KOBE LETTUCE
Stole / 編集部私物
Earrings / MU
Necklace / VATSURICA
Watch / シチズン クロスシー

グリーン
GREEN 2

歩ける靴でのんびり
ウィンドウショッピング

ベージュ×ディープグリーンのカジュア
ルな配色も、エレガントなデザインを選
ぶとグッと品のあるコーディネートに。
歩きやすさと大人っぽさを兼ねたヒョウ
柄バレエシューズは、1足あると重宝す
るアイテム。サングラスとショルダー
バッグでさらに大人っぽく。仕上げに華
奢なアクセサリーをちりばめて、エレガ
ントなかわいらしさを際立たせましょ
う。

カジュアルな配色も上品に
万能ヒョウ柄バレエシューズ
華奢なアクセづかいでよりすてきに

(①色相を合わせる)

(⑤アクセントカラーを入れる)

Knit / marvelous by Pierrot
Skirt / STRAWBERRY-FIELDS（著者私物）
Ballet shoes / KOBE LETTUCE
Bag, Stole / 編集部私物
Earrings, Necklece（パール、ゴールドともに）/ VATSURICA
Sunglasses / Zoff
Watch / シチズン キー

似合うグリーンの選び方

4タイプのなかで、最もグリーンのバリ
エーションが多いカラーパレットをもつ
秋タイプ。オリーブグリーンやシャルト
ルーズグリーンなど、濁りと深みのある
シックなグリーンがとくに似合います。
暗めのアースカラーでも地味に見えない
のが秋タイプの魅力。顔が青白く見えて
しまう青緑系や、色が浮いてしまう明る
い黄緑系は、苦手な傾向にあります。

似合うグリーン

オリーブグリーン　シャルトルーズ　ベージュグリーン

苦手なグリーン

ディープブルーグリーン　ペパーミントグリーン　パステルイエローグリーン

PINK 1
ピンク

会食に着ていきたい
大人の甘辛コーデ

ディープピーチのとろみブラウスとオリーブグリーンのワイドパンツで、余裕のある大人の甘辛コーデ。反対色相をスモーキーなトーンで合わせたドミナントトーン配色は、濁りのある色が得意な秋タイプをとても上品に見せます。マットな質感の揺れる天然石ピアス、スモーキーカラーの華奢なベルトなど、秋×ウェーブタイプにぴったりな小物で大人のかわいらしさを倍増させましょう。

ワンランク上の大人の甘辛コーデ
シックなスモーキーカラー
ワイドパンツはソフトな素材で

②トーンを合わせる

Blouse / Elura（著者私物）
Earrings / WYTHE CHARM（著者私物）
Necklace / 著者私物
Pants / SHOO・LA・RUE
Belt / GU（編集部私物）
Pumps / MAMIAN
Bag / 編集部私物
Stole / Mydress

ピンク
PINK 2

秋×ウェーブらしく、
甘さも品格もよくばる

スモーキーピンク×ダークブラウンという、赤系の色相の濃淡配色。暗い色の面積を増やして、落ち着きと高級感を出したクラシカルなスタイルです。暖色でまとめると甘さも漂います。ウェーブタイプが得意なマーメイドスカートも、ダークブラウンにすることで大人っぽさがアップ。トップスはインして。

\# 映画みたいなクラシックコーデ
\# 甘さと品格の両立
\# 明るい色の小物で抜け感を

（①色相を合わせる）

Knit / Stola（著者私物）
Skirt / Arpege story（著者私物）
Pumps / MAMIAN
Bag / KOBE LETTUCE
Earrings, Necklace / VATSURICA

似合うピンクの選び方

ピンクが好きな秋タイプの方は、スモーキーなサーモンピンクを選んでみて。秋タイプならではの大人っぽいかわいらしさを引き出してくれて、とてもやさしい雰囲気のコーディネートになります。黄みの強いピンクでも、明るすぎたりクリアすぎたりすると浮いてしまうので、少し濁りと深みのある色を選ぶのがポイント。青みがかったショッキングピンクやローズピンクは、顔色が青白く見えてしまうので苦手です。

似合うピンク

サーモンピンク　　ディープピーチ　　スモーキーピンク

苦手なピンク

ショッキングピンク　ローズピンク　　オーキッド

BEIGE
ベージュ

たっぷりのフリルを
アースカラーでシックに

フリルなどのデコラティブなデザインを
思いきり楽しむなら、甘い色よりシック
なアースカラーでおしゃれ上級者に。異
なる色味を似ているトーンで合わせた、
イエローベージュ×オリーブグリーンの
ドミナントトーン配色は、ナチュラルで
安らぎを感じる配色です。細身のアンク
ルストラップサンダルで足もとをきれい
に見せれば、大切な人と過ごす時間がよ
りすてきに。

アースカラーをフル活用
フリルたっぷりでも甘すぎない
抜け感はホワイトストールでつくる

②トーンを合わせる

Set up / Diagram（著者私物）
Earrings / WYTHE CHARM（著者私物）
Sandals / KOBE LETTUCE
Bag / cache cache
Stole / 編集部私物
Necklace / VATSURICA

似合うベージュの選び方

ベージュは全般的に得意な色。黄みのあ
るあたたかなベージュは、秋タイプの肌
がなめらかに美しく見え、血色もアップ
します。ただし、グレーがかったベージュ
はやや寂しい印象になってしまいます。
ベージュの服を選ぶときは、顔色がよく
見えるか、肌がきれいに見えるか、鏡で
しっかり確認しましょう。

似合うベージュ

ベージュ　　　　　キャメル

苦手なベージュ

グレーベージュ

BROWN
ブラウン

同窓会は、
大人の気品に個性を織り交ぜて

秋×ウェーブタイプのクラシカルな雰囲気にぴったりな、ダークブラウンのフェイクレザー×プリーツのコンビネーションスカート。ちょっぴり個性的なアイテムも、同系色のキャメルやオレンジとのドミナントカラー配色なら、しっとり上品にまとまります。コーディネートに暗い色が多いときは、白蝶貝など上品に輝くアクセサリーで顔色を明るくしてあげるのがポイント。

個性を上品に魅せる
アクセで顔色を明るくするテク
ファーバッグでかわいさをプラス

①色相を合わせる

⑤アクセントカラーを入れる

T-shirt, Ballet shoes / KOBE LETTUCE
Skirt / EmiriaWiz
Bag / cache cache
Stole / 著者私物
Earrings, Necklace / VENDOME BOUTIQUE

似合うブラウンの選び方

ブラウンは秋タイプの王道カラー。なかでも、ダークブラウンやコーヒーブラウンはとくにおすすめ。やや赤みがかった暗めのマホガニーも、クラシックなイメージですてきです。暗めの色でも地味にならず、大人っぽい魅力をより引き出せます。気をつけたいのは、ココアのような白っぽいブラウン。顔がぼんやりしてしまうので注意が必要です。

似合うブラウン

ダークブラウン

コーヒーブラウン

マホガニー

苦手なブラウン

ココア

ローズブラウン

BLUE

ブルー

ターコイズブルーで
落ち着いたさわやかさを演出

秋タイプはブルー系がやや苦手ですが、顔から離れたボトムスなら着こなしやすくなります。少し深みのあるターコイズブルーは、落ち着きを感じつつさわやかな雰囲気になる色。反対色のイエローを合わせて華やかさを出して。ほんのり色づいたホワイトのレースリブニットは、秋×ウェーブタイプのアンティークな魅力にぴったり。パンプスのレースともさりげなくリンク。

秋タイプもOKなブルーづかい
反対色の小物でメリハリを
繊細なレースをさりげなくリンク

④色相・トーンを変化させる

Knit, Earrings / 著者私物
Pumps / GINZA Kanematsu（著者私物）
Skirt / antiqua
Bag / cache cache

似合うブルーの選び方

ブルーは秋タイプがあまり得意ではない色ですが、慎重に選べば大丈夫！ やや濁りのあるスモーキーなブルーや、緑がかったダークターコイズは、髪や瞳のダークブラウンと調和して肌がきれいに見えるのでおすすめ。反対に、鮮やかなロイヤルブルーやパステル系のブルーは、肌になじまず浮いてしまうので注意が必要です。

似合うブルー

| ダークターコイズ | ターコイズ |

苦手なブルー

| ロイヤルブルー | パステルアクア | パウダーブルー |

NAVY
ネイビー

きちんと感のある
イエベ版トリコロール

清潔感が出るバニラホワイト×ネイビーの配色は、きちんとした場にもぴったり。レッドの小さいバッグでアクセントをきかせたら、イエローベースに似合うトリコロール配色のできあがり。ふわふわのアンゴラニット、ウエストからギャザーが入っているフレアスカートなどのボリュームのあるアイテムも、ウェーブタイプなら着太りせずかわいく着こなせます。

#イエベ版トリコロール
#アンゴラニットはウェーブと好相性
#ギャザースカートでかわいらしく

④色相・トーンを変化させる

Knit, Skirt, Bag / marvelous by Pierrot
Ballet shoes / KOBE LETTUCE
Earrings, Necklace / Van Cleef & Arpels（著者私物）

似合うネイビーの選び方

比較的多くの方に似合いやすいネイビーですが、じつは秋タイプはそれほど得意な色ではありません。ネイビーを着るときは、顔から遠いボトムスにとり入れるのがおすすめです。もしトップスで着たい場合は、緑がかったネイビーを選ぶと血色がよく見えます。反対に、青紫系のネイビーは寂しい印象になるので気をつけて。

似合うネイビー

マリンネイビー

苦手なネイビー

ソフトネイビー

WHITE
<ruby>ホワイト</ruby>

クラシカルなレースを
まとって老舗バーへ

夜のお出かけは、秋×ウェーブタイプに
よく似合うバニラホワイトの総レースワン
ピースを主役に。ピンクのストールと、
同系色にあたるダークレッドのバッグで、
甘さを出しながらもしっかり大人っぽく
仕上げます。ウェーブタイプが I ライン
シルエットの服を着るときは、ウエストあ
たりにギャザーが入っているものをチョ
イスして、腰まわりをさりげなくカバー。

大人の上品甘めスタイル
I ラインシルエットを着こなすコツ
パイソン柄ミュールでスパイスを

①色相を合わせる

⑤アクセントカラーを入れる

One piece / CELFORD（著者私物）
Sandals / SEVEN TWELVE THIRTY（著者私物）
Bag / KOBE LETTUCE
Stole / 編集部私物
Earrings / saze
Necklace（パールショート）/ VATSURICA
Necklace（パールロング）/ 編集部私物

似合うホワイトの選び方

ベージュに近いバニラホワイトは肌なじ
みがよく、秋タイプのオークル系のマッ
トな肌にとてもよく似合います。「身に
つけたときに肌が健康的に見えるか」が
チェックポイント。真っ白は、秋タイプ
の肌にマッチしにくい色。色だけが浮い
てしまい、顔が青白く見えるので注意が
必要です。

似合うホワイト

バニラホワイト

苦手なホワイト

ピュアホワイト

BLACK

ブラック

モダン配色を
素材とデザインでクラシカルに

ブラックはボトムスでとり入れるのが秋タイプの鉄則。顔色を悪く見せずにスタイルアップが叶います。光沢を少し抑えたサテンのフリルつきボーカラーブラウスは、秋×ウェーブタイプのクラシカルな魅力をより引き立てるアイテム。深みのあるレッドの小物でアクセントを。ホワイト×ブラック×レッドのモダンな配色も、素材やデザイン次第で上品な雰囲気になります。

アンティークドール風ブラウス
ブラックパンツでキリッと仕上げる
モダン配色を上品に着こなす

④色相・トーンを変化させる

Blouse / ROYAL PARTY LABEL
Pants / maison de Dolce.
Ballet shoes / 卑弥呼
Bag / KOBE LETTUCE
Earrings / 著者私物
Watch / シチズン キー

似合うブラックの選び方

ブラックは「誰にでも似合う」「無難」というイメージがあるかもしれませんが、じつは4タイプのなかで冬タイプのみに似合う色。暗い色が得意な秋タイプも、ブラックは肌の色となじまずあまり得意ではありません。コーディネートを組むときは、ボトムスやバッグなど顔から離れたところで使うと、顔が色に負けずシックにまとまります。

似合うブラック

ソフトブラック

苦手なブラック

ブラック

Column

買う前に試着、していますか？

　さまざまなファッション理論をもとに「似合う」の選び方をお伝えしてきましたが、いざ購入する前にできるだけしていただきたいこと、それは「試着」です。

　人の肌の色や体のつくりは、パーソナルカラーや骨格タイプが同じ方でもおひとりずつ微妙に異なります。アイテムの色や形やサイズ感が自分に本当に似合うかどうかは、実際に身につけてみなければ厳密にはわかりません。

　いまは、オンラインストアの商品を自宅や店舗で試着できるサービスもありますので、できれば購入前に試してみることをおすすめします。

　試着しても自分に似合っているのかどうかイマイチわからないという方は、下のチェックリストをぜひ参考にしてみてください。

秋×ウェーブタイプの試着チェックリスト

事前準備

☐ 着脱しやすい服で行く
☐ 普段の外出時につける下着をきちんと身につける
☐ コーディネートしたい服や靴で行く
☐ 合わせ鏡で後ろ姿まで見えるように、手鏡を持参する
　（スマホのインカメラでもOK。購入前の商品の撮影は
　マナー違反になる場合があるため注意）

ウェーブタイプのチェックリスト

☐ （トップス・ボトムス）
ゆったりしすぎて、服に着られた印象になっていないか

☐ （トップス・ボトムス）
素材がシンプルすぎたり、かたすぎたりしていないか

☐ （トップス）胸もとあたりが
寂しい印象になっていないか

☐ （トップス）前に屈んだとき、
胸もとがパカパカあいてしまわないか

☐ （ボトムス）腰の横張りが
目立たないか

☐ （ボトムス・ワンピース）
ハイウエストで脚が長く見えるか

秋タイプのチェックリスト

☐ 肌色が血色よく
元気よく見えるか

☐ アイテムの色に青みがあり、
顔が青白くなっていないか

☐ アイテムの色が明るすぎ・
クリアすぎて、色だけが顔から浮いていないか

Chapter 3

秋 × ウェーブタイプの
魅力に磨きをかける
ヘアメイク

秋×ウェーブタイプに似合う
コスメの選び方

最高に似合う鉄板メイクを見つけよう

顔に直接色をのせるメイクは、パーソナルカラーの効果を実感しやすい重要なポイント。似合う服を着ていても、メイクの色がイマイチだと「似合う」が薄れてしまいます。

逆にいうと、本来得意ではない色の服を着たいときや着なければいけない事情があるときは、メイクを似合う色にすれば服の色の影響を和らげることが可能。とくにチークとリップを似合う色で徹底するだけで、顔色がよくなりいきいきと輝きます。

「コーディネートに合わせてメイクも変えなくては」と思っている方も多いかもしれませんが、自分に最高に似合う鉄板メイクが見つかれば、毎日同じメイクでも大丈夫。決まったコスメを使っていればいつもきれいでいられるなんて、忙しい日常を送る私たちにはうれしいですよね。

もちろん、自分に似合うメイクパターンをいくつかもっておいて、コーディネートやシーンに合わせて使い分ける楽しみもあります。どちらでも、ご自身に合うメイク方法を試してみてください。

秋×ウェーブタイプがコスメを選ぶときのコツ

オークル系でマットな質感の肌の方が多い秋タイプ。ヘルシーな肌をより美しくなめらかに見せるコスメを選ぶことが大切です。

カラフルなコスメはつい目移りしてしまいますが、見た目で「ちょっと地味かな?」「暗いかな?」と感じるくらいの深みのあるスモーキーカラーがおすすめ。実際につけてみると肌によくなじみ、きめ細かなふんわり肌ができあがります。

マット系のメイクが得意な秋タイプですが、ウェーブタイプはツヤが似合うため、秋×ウェーブタイプの場合はマットすぎず適度なツヤ感を。ラメは粒の大きすぎない上品なゴールド系が似合います。

ハイライトは、真っ白を避けてピーチ系ベージュを選びましょう。

おすすめのメイクアップカラー

アイシャドウ

パーソナルカラー4タイプのうち、黄みの強い色がいちばん似合うのが秋タイプ。黄みのあるスモーキーなサーモンピンクや、深みのあるテラコッタ系オレンジ、ゴールド系ブラウンなどがおすすめ。

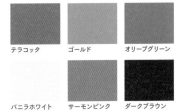

テラコッタ　　　ゴールド　　　オリーブグリーン

バニラホワイト　サーモンピンク　ダークブラウン

チーク

「チークにしては地味？」と感じるくらいのスモーキーな色が、秋タイプの肌をふんわりなめらかなマット肌に見せてくれます。明るすぎるパステルカラーは色が浮いて子どもっぽくなるので注意を。

サーモンピンク　ディープピーチ　オレンジベージュ

リップ

深みのあるブラウン系やソフトなベージュ系など、やや暗めで濁りのある色が得意。マットが似合う秋タイプですが、秋×ウェーブタイプは適度なツヤ感のあるタイプを選ぶと好バランス。

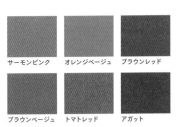

サーモンピンク　オレンジベージュ　ブラウンレッド

ブラウンベージュ　トマトレッド　アガット

アイブロウ・アイライナーなど

ブラウン系のなかでも、黄みを含んだ色のものを。黄みがかった暗めの髪の色や瞳の色によくマッチします。

オリーブブラウン　コーヒーブラウン　ダークブラウン

アンティークなくすみピンクメイク

秋タイプに似合うピンクは、ローズピンクなど赤紫系のピンクではなく、赤の色相のピンク。スモーキーなサーモンピンクやソフトピンクなら、肌なじみがよくかわいらしいメイクに仕上がります。おしゃれなくすみカラーで、秋×ウェーブタイプのアンティークな雰囲気をより引き立てて。

基本ナチュラル
メイク

アイシャドウ

CHANEL

レ ベージュ
パレット ルガール 184190
テンダー

サーモンピンクやスモーキーコーラルなど、秋タイプに似合うピンクがそろったアイシャドウパレット。ピーチ系ベージュのハイライトも入っていて、これひとつで魅力的な目もとを演出できます。ゴールドベースの細かいラメで、上品な華やかさがアップ。

チーク

SUQQU

ピュア カラー
ブラッシュ 04 漆陽
URUSHIBI

やや暗めのスモーキーピンクで血色感アップ。ゴールドベースの偏光ラメが品よく輝き、大人かわいいツヤ肌をつくります。

リップ

DECORTÉ

ルージュ デコルテ 13
intimate feeling

リップもパステル系のピンクではなく、スモーキーでやさしいトーンを選ぶのがポイント。赤の色相のソフトピンクは、秋タイプのリッチな肌と調和して洗練感を高めてくれます。マットすぎず適度なツヤ感のあるタイプがおすすめです。

深みカラーの
リッチメイク

アイシャドウ
SUQQU
シグニチャー カラー アイズ
02 陽香色　YOUKOUIRO

秋タイプはオレンジ〜ブラ
ウンのグラデーションがと
ても得意。深みのあるテラ
コッタ系のオレンジは、リッ
チな魅力をより引き立てて
くれる色。大人っぽいメイ
クに仕上げたいときにおす
すめです。ゴールドベース
の繊細なラメで、ラグジュ
アリーな輝きを添えて。

チーク
LAURA MERCIER
ブラッシュ カラー
インフュージョン 05 FRESCO

秋タイプの肌を美しくなめ
らかに見せてくれる、オレ
ンジベージュやブラウン系
のチーク。まるで海外セレ
ブのようにリッチな雰囲気
に仕上がります。繊細なラ
メ入りで上品に。

リップ
KATE
リップモンスター 04
パンプキンワイン

深みのあるブラウン系やソ
フトなベージュ系は、秋タ
イプが得意なリップカラー。
なかでも、適度にツヤ感の
あるテラコッタブラウンの
リップは、デイリーに使え
る1本。肌なじみがよく、
洗練されて見えます。

赤リップの
おめかしメイク

アイシャドウ
excel
スキニーリッチシャドウ
SR01
ベージュブラウン

黄みの強いブラウンをつけても顔が黄ぐすみせず、クラシックな雰囲気に仕上がる秋タイプ。黄みのブラウンのグラデーションで、品格を感じる目もとに。締め色を上まぶたの際にしっかりつけると、グッと大人っぽくなります。

チーク
CEZANNE
ナチュラル チーク N 05
ベージュオレンジ

黄みのブラウンのアイメイクには、オレンジ系のチークがマッチ。明るくクリアなオレンジは色だけが浮いてしまうので、少し暗めの落ち着いたトーンを選ぶと◎。繊細なゴールドラメが肌ツヤをアップしてくれます。

リップ
Fujiko
ニュアンスラップティント
05 無花果ブラウン

秋タイプにイチオシの赤リップは、黄みを感じるレッドブラウンや、真っ赤に深みを足したイチジクのような色。適度にツヤの出るリキッドタイプなら、しっとり潤った美しい唇に。同じように深い赤でも、紫がかったワインレッドは顔が青白く見えてしまうので気をつけて。

秋×ウェーブタイプに似合う
ヘア&ネイル

**本命ヘアは、
くすみカラーのゆるふわスタイル**

　顔まわりを縁どる髪は、服やメイクとともにその人の印象を大きく左右します。パーソナルカラーのセオリーをヘアカラーに、骨格診断のセオリーをヘアスタイルにとり入れて、もう一段上の「似合う」を手に入れましょう！

　秋タイプに似合うヘアカラーは、黄みのあるダークブラウンや、緑みのあるマットカラーなど、暗めのくすみカラー。

　赤みの強いピンクやバイオレット、青みの強いブルーアッシュは、顔色が抜けて青白く見える原因に。金髪などの明るすぎる色も、肌の色とあまりマッチしません。

　ウェーブタイプに似合うヘアスタイルは、曲線的でふんわり軽やかなスタイル。華奢な骨格とマッチします。レイヤーを入れたり、ヘアアイロンでゆるく巻いたり、エアリーに仕上げるのがポイント。

[**おすすめのヘアカラー**]

マットブラウン　　　　オリーブブラウン

モカブラウン　　　　　ダークブラウン

マロンブラウン　　　　ナチュラルブラウン

[**おすすめのネイルカラー**]

ディープピーチ　　　　ブラウンベージュ

バニラホワイト　　　　オレンジベージュ

ピスタチオグリーン　　ダークブラウン

バルーンシルエットの
ショートヘア

ふんわりと丸みのあるバルーンショートは、大人っぽさとかわいらしさを兼ね備えた秋×ウェーブタイプにぴったり。黄みのナチュラルブラウンが自然な軽やかさを演出してくれます。

品のある美しさが引き立つ
ミディアムヘア

ヘアカラーは、上品で繊細な雰囲気のマロンブラウン。ふわっと巻いたエアリーなヘアスタイルで、アンティークドールのような品のある美しさを叶えます。シースルーバングで軽やかさもプラス。

Long

くびれレイヤーの
ロングヘア

レイヤーでくびれを演出し、
毛先をゆるくカールさせた、
キュートなロングスタイル。
前髪もサイドに流れるように
巻くと、軽やかさが増して小
顔効果も。オリーブブラウン
でこなれた印象に。

Arrange

ふんわり編み込み
アレンジ

かわいらしさ満点の編み込み
アレンジは、編み込んだ髪を
崩して、ゆるふわに仕上げる
のがコツ。前髪をふんわり外
ハネさせるフェザーバングで、
おしゃれに小顔を手に入れて。

クラシカルな
ベージュ系ネイル

黄みが強くて深みのある
オレンジベージュは、秋
タイプにイチオシのベー
ジュ。ベージュホワイト
と組み合わせて上品に。
イエローゴールドのラメ
ラインに、クリスタルと
トパーズカラーのライン
ストーンを添えて。

エレガントな
ツイードネイル

オレンジ系のベージュを
ベースに、ダークカラー
のツイード風デザインを
きかせたネイル。明るく
クリアなパステルカラー
を選ぶと手がくすんで見
えるので、スモーキーカ
ラーでまとめます。パー
ルで品格アップ。

遊び心のある
ヒョウ柄ネイル

ピスタチオグリーンや
ダークブラウンに、ウェー
ブタイプが得意なヒョウ
柄をプラス。肌なじみの
いいアースカラーなので、
派手になりすぎず大人っ
ぽく仕上がります。ゴー
ルドラメとパールで品の
いい華やかさを。

Epilogue

　本書を最後まで読んでくださってありがとうございました。

　あなたの魅力を輝かせる『パーソナルカラー×骨格診断別　似合わせBOOK』。

　個性を引き出す、ファッションやヘアメイク、ネイルをご覧いただきいかがでしたでしょうか。

　「パーソナルカラー×骨格診断」。この2つのセオリーは、あなたがすでにいま、持っている魅力や個性を引き出し、より美しく輝かせるものです。もちろん、ファッションは楽しむものなので、セオリーに縛られることなく、自由に服選びを楽しんでいただければと思います。

　でも、あまりにも多くの情報があふれるいま、つい、自分にないものを求めてしまったり、他の人と比べてしまうことも、もしかしたらあるかもしれません。

　そんなふうに何を着たらよいか迷ってしまったときに、この本が、あなたらしいファッションに気づく、ひとつのきっかけになればとてもうれしく思います。

　私のサロンに来られるお客さまは、パーソナルカラーと骨格診断に合った色やデザインの服、メイクを実際にご提案すると「今までこんな服やメイクはしたことがなかったです！」「私は、本当はこういう服が似合うんですね！」と驚かれる方もたくさんいらっしゃいます。朝に来店されたときとは見違えるほどすてきになった姿を、数えきれないくらい目にしてきました。

　自分自身を知り、それを最大限にいかすことは、「あなたらしい、身に着けていて心地よいファッション」を叶える近道になると思います。

　色とりどりの服やコスメは、それを目にするだけで、私たちをワクワクした気持ちにさせてくれます。色とファッションのもつパワーを味方につけて、ぜひ、毎日の着こなしを楽しんでくださいね。

毎朝、鏡に映るあなたの顔が、これからもずっと、幸せな笑顔であふれますように。

　最後になりますが、この12冊の本を制作するにあたり、本当に多くの方に、お力添えをいただきました。
　パーソナルカラーと骨格診断のセオリーにマッチした、膨大な数のセレクトアイテム。その全商品のリースを、一手に引き受けてくださったスタイリストの森田さん。根気よく置き画制作を担当してくださった、佐野さんはじめ、スタイリストチームのみなさん。すてきな写真を撮ってくださったフォトグラファーのみなさん、抜けのある美しいメイクをしてくださったヘアメイクさん、頼りになるディレクターの三橋さん、アシストしてくださった鶴田さん、木下さん、すてきな本に仕上げてくださったブックデザイナーの井上さん。
　そして、本書の編集をご担当いただきました、サンクチュアリ出版の吉田麻衣子さんに心よりお礼を申し上げます。特に吉田さんには、この1年、本当にいつもあたたかく励ましていただき、感謝の言葉しかありません。最高のチームで、本づくりができたことに感謝の気持ちでいっぱいです。

　また、アイテム探しを手伝ってくれた教え子たち、そして、この1年、ほとんど家事もできないような状態の私を、何もいわずにそっと見守ってくれた主人と息子にも、この場を借りてお礼をいわせてください。本当にありがとう。

　たくさんのみなさまのおかげでこの本ができあがりました。本当にありがとうございました。

2024年3月　海保 麻里子

協力店リスト

＜衣装協力＞

・antiqua
（アンティカ）
https://www.antiqua.co.jp

・VENDOME BOUTIQUE
（ヴァンドームブティック）
https://vendome.jp/vendome_boutique

・EmiriaWiz
（エミリアウィズ）
https://emiriawiz.com

・cache cache
（カシュカシュ）
https://www.unbillion.com/brand/cachecache

・KOBE LETTUCE
（コウベレタス）
https://www.lettuce.co.jp

・GeeRA
（ジーラ）
https://belluna.jp/geera/?shoplist

・シチズン キー
https://citizen.jp

・シチズン クロスシー
https://citizen.jp

・SHOO・LA・RUE
（シューラルー）
https://store.world.co.jp/s/brand/shoo-la-rue

・saze
（セイジ）
https://www.saze-official.com

・Zoff
（ゾフ）
https://www.zoff.co.jp/shop/default.aspx

・VATSURICA
（バツリカ）
https://www.vatsurica.net

・卑弥呼
（ヒミコ）
https://himiko.jp

・FURLA
（フルラ）
https://www.moonbat.co.jp/

・marvelous by Pierrot
（マーベラス バイ ピエロ）
https://pierrotshop.jp

・Mydress
（マイドレス）
https://www.mydress-shop.jp

・MAMIAN
（マミアン）
https://www.mamian.co.jp

・MU
（ムー）
https://accessorymu.theshop.jp

・メガネの愛眼
（メガネノアイガン）
https://www.aigan.co.jp

・maison de Dolce.
（メゾン ド ドルチェ）
https://dolce-official.com

・ROYAL PARTY LABEL
（ロイヤルパーティーレーベル）
https://royalpartylabel.com

＜ヘアスタイル画像協力＞

P101上　AUSTIN（オースティン）流山
おおたかの森／OZmall
https://www.ozmall.co.jp/hairsalon/1615/

P101下、P102上　AFLOAT（アフロー
ト）
https://www.afloat.co.jp

P102下　marche（マルシェ）／OZmall
https://www.ozmall.co.jp/hairsalon/1127/

＜ネイル画像協力＞

P103　EYE＆NAIL THE TOKYO
https://www.eyeandnailthetokyo.com

＜素材画像協力＞

P44　iStock

※上記にないブランドの商品は、著者私物・
　編集部私物です。
※掲載した商品は欠品・販売終了の場合もあ
　ります。あらかじめご了承ください。

著者プロフィール

海保 麻里子
Mariko Kaiho

ビューティーカラーアナリスト ®
株式会社パーソナルビューティーカラー研究所 代表取締役

パーソナルカラー＆骨格診断を軸に、顧客のもつ魅力を最大限に引き出す「外見力アップ」の手法が評判に。24年間で2万人以上の診断実績をもつ。自身が運営する、東京・南青山のイメージコンサルティングサロン「サロン・ド・ルミエール」は、日本全国をはじめ、海外からも多くの女性が訪れる人気サロンとなる。

本シリーズでは、その診断データをもとに、12タイプ別に似合うアイテムのセレクト、およびコーディネートを考案。「服選びに悩む女性のお役に立ちたい」という思いから、日々活動を行う。

また、講師として、カラー＆ファッションセミナーを1万5千回以上実施。企業研修やラグジュアリーブランドにおけるカラー診断イベントも多数手がける。わかりやすく、顧客に寄り添ったきめ細やかなアドバイスが人気を博し、リピート率は実に9割を超える。

2013年には、「ルミエール・アカデミー」を立ち上げ、スクール事業を開始。後進の育成にも力を注ぐ。

その他、商品・コンテンツ監修、TVやラジオ、人気女性誌などのメディア取材多数。芸能人のパーソナルカラー診断や骨格診断も数多く担当するなど、著名人からも信頼を集める。

著書に『今まで着ていた服がなんだか急に似合わなくなってきた』（サンマーク出版）がある。

サロン・ド・ルミエール HP
https://salon-de-lumiere.com/

パーソナルカラー秋×骨格診断ウェーブ
似合わせBOOK

2024年3月6日 初版発行

著　者　　海保麻里子

装丁デザイン／井上新八

本文デザイン／相原真理子

モデル／倉本えみ(スペースクラフト・エージェンシー)

撮影(人物)／畠中彩

撮影(物)／畠中彩、小松正樹

ヘアメイク／yumi(Three PEACE)

スタイリング(アイテム手配)／森田文菜

スタイリング(アイテム置き画制作)／佐野初美、小沼進太郎、大日方理子

編集協力／三橋温子(株式会社ヂラフ)

制作協力(アシスタント業務)／吉田琴美、Yuuka、NANA(ルミエール・アカデミー)

イラスト／ヤベミユキ

DTP／エヴリ・シンク

営業／市川聡(サンクチュアリ出版)

広報／岩田梨恵子、南澤香織(サンクチュアリ出版)

制作／成田夕子(サンクチュアリ出版)

撮影補助／木下佐知子(サンクチュアリ出版)

編集補助／鶴田宏樹(サンクチュアリ出版)

編集／吉田麻衣子(サンクチュアリ出版)

発行者　　鶴巻謙介

発行・発売　サンクチュアリ出版
〒113-0023 東京都文京区向丘2-14-9
TEL:03-5834-2507 FAX:03-5834-2508
https://www.sanctuarybooks.jp
info@sanctuarybooks.jp

印刷・製本　　株式会社シナノ パブリッシング プレス

秋 Autumn | サーモンピンク | 血色がよくなじむ ➡ 似合う
黄色くくすむ ➡ 似合わない

診断用カラーシート

| 冬 Winter | ブラック | 凛として小顔になる ➡ 似合う |
| | | 影が目立ち暗い ➡ 似合わない |